성경의 서막
창조와 타락(창세기 1~4장)
THE PRELUDE TO THE BIBLE

권기호 지음

엘맨

성경의 서막 – 창조와 타락(창세기 1~4장)

초 판 1쇄 | 2024년 4월 25일

지 은 이 | 권 기 호
펴 낸 이 | 이 규 종
펴 낸 곳 | 엘맨출판사

등 록 제10-1562(1985. 10. 29)
주 소 | 서울 마포구 토정로222 422-3
전 화 | 02) 323-4060
팩 스 | 02) 323-6416
이 메 일 | elman1985@hanmail.net
홈페이지 | www.elman.kr
I S B N | 978-89-5515-758-1 03230
정 가 | 17,000원

2023년 11월 16일(목) 소천한 장모님 고 홍순옥 권사님(91세, 부산모자이크교회)과 2023년 12월 3일(일) 소천한 어머님 고 박정옥 권사님(85세, 인천주안중앙교회)에게 이 책을 헌정합니다

　권기호 목사님은 학자적 자질을 겸비한 목회자로서 성경을 전공하여 꾸준히 성경연구에 열정을 쏟아왔습니다. 이번에 출판된 이 책은 저자의 학문적 노력과 목회적 성과로 나타난 결실로 보입니다. 본서는 성경 전체를 일목요연하게 보고 이해하도록 도와줍니다. 그것은 성경의 내용을 구조적으로 설명함으로써 독자들이 성경 본문을 잘 이해할 뿐만 아니라 그 내용을 기억하고 정리할 수 있게 해준다는 데 장점이 있습니다. 독자는 이 책에서 성경 내용의 숲과 나무를 동시에 볼 수 있는 안목을 갖게 될 것입니다.

　개혁신학적 입장을 견지하는 저자의 건전한 성경관이 또한 교회와 성도의 성장을 위한 바른 해석적 결론을 제공해 줍니다. 각 강설이 본문의 단락에 따른 주제를 중심으로 이루어졌지만 본문 분석과 간명한 신학적 설명이 독자들이 본문을 이해하도록 돕는데 머무르지 않고, 그 설명이 메시지의 성격을 지니기 때문에 성경공부와 설교문 작성에도 큰 도움이 될 것으로 기대합니다. 복잡한 내용을 간결하게 설명한 이 책이 설교에 필요한 손쉬운 도구를 찾는 설교자와 성숙을 지향하는 성도들에게 널리 사랑받기를 바라면서 일독을 권합니다.

고신대학교 명예교수 신득일 박사

누군가의 말처럼 목회는 종합예술이다. 설교, 전도, 양육, 성경공부, 심방, 각종 회의 등 다양한 사역을 감당해야 한다. 그러나 목사가 해야 할 가장 우선적인 사역은 "오로지 기도하는 일과 말씀 사역에 힘쓰리라"라는 것(행 6:4)이다. 즉 목사는 말씀과 기도에 전무하는 사람이다. 그래서 대부분의 목사님들은 성경연구에 힘쓰거나 기도생활에 힘쓴다.

그렇지만 안타깝게도 개인적인 성향과 사역 현장의 필요 때문에 말씀과 기도를 균형있게 하기가 어렵다. 말씀에 치우쳐 현장감이 없는 설교를 하거나, 기도를 강조하다가 말씀에서 벗어나는 경우들도 있다. 그러나 권기호 목사님은 말씀과 기도에 균형 잡힌 목회자이다. 나는 신학교에서 함께 공부하던 시절부터 언제나 부지런히 연구하며 기도하시던 목사님을 기억한다. 그러한 목사님이시기에 꾸준히 공부하여 만학에 신약학 박사학위 과정을 제대로 공부하면서 동시에 교회를 건강하게 성장시킬 수 있었다.

이 책 『성경의 서막』은 말씀과 기도, 본문과 현장이 균형 잡힌 목사님의 탁월한 성경신학적 안목과 적용이 돋보인다. 무엇보다도 창세기와 계시록을 수미쌍관 구조(inclusio)로 제대로 이해하고 계신다. 처음과 끝을 정확하게 꿰뚫고 있기에 그 중간을 어떻게 이해했는지는 불문가지이다. 이러한 깊이 있는 성경신학 전공자로서의 진지한 연구의 흔적들이 책 곳곳에 나타난다. 동시에 현장이 없는 신학자들의 책과는 달리, 마치 잘 준비된 설교 원고를 읽는 것처럼 적용이 있고 은혜가 있고 감동이 있다.

나는 종종 신학생들에게 '강호의 숨은 고수'들이 많으니, 늘 겸손하게 열린 마음으로 좋은 목사님들을 만나라고 한다. 오늘 그 강호의 숨은 고수를 소개한다. 그 고수의 솜씨를 제대로 맛볼 수 있는 책인 『성경의 서막』을 기쁘게 추천한다.

백석대학교 기독교학부 교수 이동수 박사

사람이 하나님의 뜻을 이해하는 일은 쉬운 일이 아니지만 인간들은 그 뜻을 이해하고 싶어 하고, 그런 인간들에게 하나님은 그 뜻을 성경을 통해 나타내십니다.

권기호 목사님은 엘맨 출판사의 '성경의 이해:창세기에서 요한계시록까지' 책에서 성경을 통해 나타내고자 하시는 하나님의 뜻을 전하였고, 그 뜻을 이어가는 의미에서 하나님이 목사님을 통해 알려주신 것들을 이 책 '성경의 서막'에서 자세하게 기록하고 있습니다.

첫 성경인 창세기 1-4장의 창조와 타락으로부터 마지막 성경인 요한계시록 19-22장의 심판과 새창조를 중심으로 말씀하고 있습니다. 또한 성경의 전체 절의 중간, 전체 장의 중앙이 되는 시편의 송축하라, 감사하라는 말씀을 하고 있습니다. 그리고 성경의 전체 권의 중심이 되는 미가서의 심판과 구원(회복)을 중심으로 성경의 구조적인 아름다움과 그것을 통해 나타나는 하나님의 말씀에 기초하여 설명하고 있습니다.

이 책을 읽고 성경을 다시 읽으면서 하나님의 말씀에 다시 한번 더 귀 기울여 보시기를 기대하며 권기호 목사님의 책 '성경의 서막'을 추천합니다.

동국대학교 이과대학장 권기운 교수

성경의 전체적인 이해

기독교에서 가장 중요한 것이 성경이다. 성경은 최고의 권위를 가지고 있다. 그렇다면 첫째로, 성경이란 무엇인가? 성경의 개념 혹은 정의는 크게 세가지이다. 첫째, 성경은 하나님의 말씀이다. 성경은 하나님의 영감으로 기록되었다(딤후 3:16, 벧후 1:21). 둘째, 성경은 하나님의 계시이다(계 1:1, 요 5:39, 46, 8:56, 행 10:43, 히 1:1-2). 성경을 통해서 하나님 자신을 드러내고 있다. 셋째, 성경은 하나님의 규범이다(딤후 3:16-17, 요 6:68). 즉 'canon'(캐논)이다. 성경은 유일한 법칙이며, 규칙이며, 진리이다. 따라서 성경은 기독교의 기초이며, 최고의 권위를 가지고 있다. 성경은 단순히 거룩한 책이 아니다. 성서가 아니다. 경전으로서 성경이다. 하나의 'story'(스토리)가 아니다. 이야기가 아니다. 정확무오한 하나님의 말씀이다. 하나님의 계시이며, 규범이다. 그런데 이러한 성경을 사람들이 이해하기 어려워한다는 게 사실이다. 성경을 읽어도 무슨 말인지 이해가 잘 안 된다는 것이다. 깨닫기가 대단히 힘들다는 것이다.

둘째로, 왜 성경은 이해하기가 어려운 것인가? 하나님께서 사람으로 하여금 모르게 하시려고 기록하시지는 않았을 것이다. 알게 하시려고 기록하셨다. 그렇다면 무엇이 문제인가? 하나님의 문제가 아니라, 우리 인간의 문제이다. 바로 그것은 우리의 사고방식에 문제가 있기 때문이다. 이 세상에는 크게 세 가지의 사고가 있다. 첫째, 헬라적 사고이다. 헬레니즘적 사고이다. 인간의 이성이 중심이 된 철학적 사고이다. 논리적이다. 세속적인 경향이다. 둘째, 히브리적 사고이다. 헤브라이즘적 사고이다. 인간의 감성이 중심이 된 종교적 사고이다. 현상적이다. 신비주의 경향이다. 셋째, 기독교적 사고이다. 헬라적 사고와 히브리적 사고를 재해석하는 사고이다. 하나님의 절대적 주권적 신앙이다. 신앙이 중심이 된 복음적 사고이다. 오직 예수 그리스도이다. 성령에 의해서 이루어지는 사고이다. 새 예루살렘을 지향한다. 신본주의이다. 분명히 성경은 히브리적 사고로 기록되어 있는데, 우리의 사고는 헬라적 사고인 것이 문제이다. 또 성경은 히브리적 사고로 기록되었지만, 히브리적 사고로 끝나도 안 된다. 유대교인이 된다. 기독교적 재해석이 필요하다. 성령 안에서 복음으로 해석하는 방법 외에는 없기 때문이다. 그래서 성경을 이해하기 위해 성령 안에서 우리의 사고를 변화 시켜야 할 필요성이 있다(고전 1:23-24, 2:2, 고후 10:4, 골 2:8).

셋째로, 성경은 어떻게 구성되어 있는가? 성경은 하나의 통일성을 가지고 있다. 하나의 통일성을 가지고 있을 뿐만 아니라, 또한 다양성도 함께 가지고 있다. 그래서 성경은 한 권이지만, 구약과 신약으로 나누어지고, 구약 39권, 신약 27권, 총 66권으로 구성되어 있다. 더 나아가서 구약 39권은 다시 율법서, 역사서, 시가서, 선지서로 나눌 수 있다. 신약 27권은 다시 복음서, 사도행전, 서신서, 계시록의 네 부분으로 나눌 수 있다. 서로 짝을 맞추면서 4+4로 구성되어 있다. 이렇게 성경은 다양성을 가지고 있지만, 하나의 구조적 통일성을 이루고 있다.

넷째로, 성경의 중심 즉 핵심은 무엇인가? 성경에서 증거하는 가장 중요한 핵심은 바로 예수 그리스도이다(요 5:39, 46, 눅 24:44). 구약은 오실 예수 그리스도를 말씀하고, 신약은 오신 예수 그리스도와 다시 오실 예수 그리스도에 대해서 말씀하고 있다. 이것을 도표로 나타내면 다음과 같다.

성경 - 권위	
구약(옛 약속, 옛 언약)	**신약(새 약속, 새 언약)**
율법서 역사서 시가서 선지서 예수 그리스도	복음서 역사서(사도행전) 서신서 계시록
성경 - 토대	

이러한 성경의 처음은 구약이다. 구약성경의 맨 처음은 창세기이다. 창세기 1:1에서 "태초에 하나님이 천지를 창조하시니라"라는 선포로 시작한다. 창조로 시작한다. 그리고 말라기 4:6에서 '내가 와서 저주로 그 땅을 칠까 하노라'라는 말씀으로 끝을 맺고 있다. 저주로 끝을 맺고 있다. 그래서 구약성경은 창조로 시작하여 저주로 끝을 맺고 있다. 그런데 반해 성경의 마지막은 신약의 요한계시록이다. 신약성경의 맨 처음은 마태복음이다. 마태복음 1:1은 "아브라함과 다윗의 자손 예수 그

리스도의 계보라"라고 선포하고 있다. 예수 그리스도의 계보로 시작하고 있다. 그리고 요한계시록 22:21에서 "주 예수의 은혜가 모든 자에게 있을지어다 아멘"으로 끝을 맺고 있다. 은혜로 끝을 맺고 있다. 구약 말라기 4:6에는 '아멘'이 없다. 그러나 신약 요한계시록 22:21에는 '아멘'이 있다. 저주에는 아멘이 없다. 그러나 저주를 은혜로 바꾸는 그곳에는 아멘이 있다. 그래서 신약성경은 족보로 시작하여 은혜로 끝을 맺고 있다. 그것은 바로 예수 그리스도를 통해서 저주가 은혜로 변화되는 것이다.

이렇게 성경을 전체적으로 보면 성경의 가장 처음인 구약의 창세기가 헬라어로, '알파' 즉 영어로는 A라고 할 수 있다. 히브리어로는 '알렙'이다. 그렇다면 성경의 마지막인 신약의 요한계시록은 헬라어로 '오메가' 즉 영어로 Z라고 할 수 있다. 히브리어로는 '타우'이다. 그런데 창세기와 요한계시록을 자세히 비교해서 보면, 창세기와 요한계시록이 서로 밀접하게 연관성을 가지고 있는 수미쌍관(inclusio)을 이루고 있다. 창세기는 창조 즉 에덴동산으로 시작하고 있다. 하나님께서 천지를 창조하시고 에덴동산과 사람을 만드시고, 하나님의 나라를 시작하였다. 하지만 아담과 하와가 범죄함으로 에덴동산에서 쫓겨나게 되었다. 사람의 타락으로 말미암아 하나님의 나라가 파괴되었다. 그래서 하나님의 나라를 세우기 위해서 제사장을 세웠고, 왕들을 세웠고, 선지자들을 세웠지만, 결국 하나님의 나라를 세우는데 실패했다. 그래서 마태복음은 예수 그리스도의 계보를 말씀하고 있다. 하나님의 아들 예수 그리스도를 통해서 하나님의 나라를 성취했다. 사도들과 교회를 통해서 하나님의 나라를 확장하고, 결국 예수 그리스도의 재림을 통해 하나님의 나라가 완성되고 있다. 예수 그리스도의 초림으로 다시 시작된 하나님의 나라가 예수 그리스도의 탄생, 고난, 죽으심과 부활, 그리고 승천을 통해서 성취되었다. 이제 요한계시록을 통해 예수 그리스도의 재림으로 하나님의 나라가 완성되는 것이다. 그래서 성경 전체의 시작 부분인 창세기 1-4장익 큰 주제는 '첫 창조와 타락'이라고 할 수 있다. 창세기 1-2장은 창조와 에덴을 말씀하고, 3장에서 뱀을 말씀하고 있다. 그리고 성경 전체의 마지막 부분인 요한계시록 19-22장의 큰 주제는 '심판과 새 창조'라고 할 수 있다. 요한계시록 20장에서 옛 뱀을 말씀하고, 21-22장에서 새 하늘, 새 땅과 에덴의 회복을 말씀하고 있다. 역순서로 되어 있다. 이러한 사실을 도표로 나타내 보면 다음과 같다.

영원	성경 - 권위			영원
	옛 언약		새 언약	
	창 1-4장	예수 그리스도	계 19-22장	
	첫 창조와 타락		심판과 새 창조	
	구약		신약	
	성경 - 토대			

그러면 성경의 중간 부분은 어디인가? 성경 전체의 중간 부분에서는 무엇을 가르치고 있는가? 그래서 먼저 성경 전체의 절의 중간을 찾았다. 성경 66권은 총 1,189장으로 구성되어 있다. 총 절 수는 성경마다 조금 달랐다. 개역성경은 31,101절이고, 개역 개정은 31,103절이었다. 구약성경에서 절을 안 매긴 137절은 별도로 생각했다. 이러한 성경 전체의 중간 구절이 바로 시편 103:1-2이다. 그런데 놀라운 것은 시편 103편 바로 앞의 시편 102편이다. 시편 102편은 바벨론에 끌려가 탄식 속에서 기도할 수 밖에 없었다. 그래서 시편 102편에서 시온 회복을 간청하고 있다. 그러면서 시편 103편에서는 다시 모세의 시대로 인도되면서(103:7), 여호와 하나님의 용서하심은 그의 인자하심에 있다고 한다. 그리고 시편 103편 바로 뒤의 시편 104편은 여호와 하나님이 창조자 되심을 말씀하고 있다. 그러면서 처음 6일간의 창조를 말씀하고 있다. 그 중심에 시편 103편이 있다. 시편 103편에서는 여호와를 송축하라고 한다. 그러면서 여호와의 인자하심을 말씀하고 있다. 그래서 스펄전은 시편 103편을 '한 권의 성경'이라고 할 만큼 포괄적인 진리를 담고 있다고 했다. 또한 시편 103편은 절 수가 22절로 히브리어 알파벳 수효와 같아서 알파벳 시편이라고 한다. 따라서 시편 103편을 중심으로 성경 전체의 역구조로 이루어져 있다. 진정한 시온의 회복을 바라는 자는 여호와를 송축해야 한다는 것이다. 그렇게 해야 할 이유는 바로 그 하나님이 창조주 하나님이시기 때문이라는 것이다. 은혜-송축-창조로 이어지고 있다. 이것을 도표로 나타내면 다음과 같다.

시편 102편	시편 103편	시편 104편
시온의 회복 간청	여호와를 송축하라	천지의 창조 섭리

영원	성경 - 권위			영원
	창 1-4장	시 103편	계 19-22장	
	첫 창조와 타락	여호와를 송축하라	심판과 새 창조	
	성경 - 토대			

　　그 다음 성경 전체의 장의 중앙을 찾았다. 절의 중심에 이어 장의 중심이 어디냐는 것이다. 성경은 66권 총 1,189장으로 구성되어 있다. 구약성경이 929장이고, 신약성경이 260장이다. 그 중심 장이 594-595장이다. 시편 118편이다. 왜냐하면 구약성경의 절을 안 매긴 137절까지 포함하면 성경 전체에서 구절의 중심이 시편 118:18이기 때문이다. 이러한 시편 118편을 중심에 두고 그 앞에 시편 117편, 뒤에 시편 119편이 하나의 단락을 이루고 있다. 시편 117편은 성경 전체의 장 중에서 가장 짧은 장으로써 단 2절로 되어 있다. 그런데 반해 시편 119편은 성경 전체의 장 중에서 가장 긴 장으로써 무려 176절로 되어 있다. 따라서 시편 118편은 성경 전체의 정중앙에 위치해 있다고 할 수 있다. 뿐만 아니라 성경 전체의 축약판이라고 할 수 있다. 그래서 마틴 루터는 시편 118편을 '내가 가장 사랑하는 시편'이라고 했다. 이어서 이 시편은 '나를 수많은 환란에서 건져내었다'고 했다. 그리고 이 시편은 '나에게 큰 힘을 주었다'고 고백했다. 이것을 도표로 나타내면 다음과 같다.

시편 117편	시편 118편	시편 119편
성경에서 가장 짧은 장	**성경에서 가장 중심 장**	성경에서 가장 긴 장
여호와를 찬양하라	**여호와께 감사하라**	율법을 마음에 새기라

　뿐만 아니라, 시편 113-117편은 출애굽의 할렐시이다. 출애굽의 하나님을 말씀하고 있다. 이러한 출애굽 할렐시의 결론이 시편 118편이다. 그리고 시편 120-134편은 성전에 올라가는 노래이다. 시온의 하나님을 말씀하고 있다. 이러한 시온의 노래의 서론이 시편 119편이다. 출애굽과 시온의 순서로 기록되어 있다. 출애굽의 하나님이란 출애굽 사건을 배경으로 위기 가운데 빠졌던 자신의 백성을 구원하신 하나님을 가리키고 있다. 반면 시온의 하나님이란 자신이 구원하신 백성을 시온에서 축복하시는 하나님을 가리키고 있다. 따라서 출애굽을 통해서 구원 받음에 대해서 찬양하고, 감사할 뿐만 아니라, 시온을 향해 올라가기 위해서 마음에 율법을 새기라는 것이다. 그렇게 하는 자에게 시온의 축복을 누리게 하신다는 것이다. 이것을 도표로 나타내면 다음과 같다.

시편 113-117편	시편 118편	시편 119편	시편 120-134편
출애굽 할렐시	여호와께 감사하라	율법을 마음에 새기라	시온의 순례 시
유월절(장막절)		오순절(시내산)	장막절

영원	성경 - 권위			영원
	창 1-4장	시 118편	계 19-22장	
	첫 창조와 타락	여호와께 감사하라	심판과 새 창조	
	성경 - 토대			

그리고 그 다음 성경 전체에서 권의 중심을 찾았다. 성경 전체의 절 중심에 이어 장 중심에 이어 이제 권의 중심이다. 성경은 총 66권 이다. 66권의 중심은 33권이다. 33권은 미가서이다. 칠십인역(LXX) 은 호세아-아모스-미가-요엘-오바댜-요나-나훔-하박국-스바냐-학 개-스가랴-말라기의 순서로 되어 있다. 그러나 마소라 본문(MT)은 호 세아-요엘-아모스-오바댜-요나-미가-나훔의 순서로 나머지는 동일 하게 되어 있다. 우리말 개역개정은 칠십인역(LXX)을 따르는 것이 아 니라, 마소라 본문(MT)을 따라 호세아-요엘-아모스-오바댜-요나-미 가-나훔-하박국-스바냐-학개-스가랴-말라기의 순서로 되어 있다. 마소라 본문과 우리말 개역 개정은 모두 정경 배열을 요나-미가-나훔 순서로 하고 있다. 요나서는 하나님께서 앗수르의 수도인 니느웨로 요나를 보내 하나님의 심판이 임박했음을 선포케 하자, 니느웨 백성 들이 놀랍게도 회개하여 구원받는 것을 말씀하고 있다. 물론 나훔서 와 연결해서 보면 앗수르의 심판은 잠시 연기된 상태였다. 그러나 나 훔서는 잠시 연기된 니느웨에 대한 심판을 선언하고 있다. 니느웨에 대해 경고하고 있다. 결코 멸망하지 않을 것 같았던 앗수르도 결국 심 판 받고 말았다. 니느웨의 전적 파멸을 말씀하고 있다. 따라서 미가서 는 요나서와 나훔서 중간에 정경 배열이 이루어져 있다. 하나님이 어 떤 분이신가를 일깨워준다는 점에서 요나서, 미가서, 나훔서는 같은 지평에 있다. 그러나 그 방향은 서로 다르다. 요나서의 하나님은 회개 하는 니느웨에게 기꺼이 구원을 베풀어 주신다. 미가서의 하나님은 이스라엘과 유다의 부패와 타락을 벌하시면서도 기꺼이 품어 주신다. 나훔의 하나님은 다시 죄악을 저지르는 니느웨에게 대적하시어 니느웨를 치고 있다. 그러니까 요나서를 통해 비록 이방인 니느웨라 할지라도 회개하면 하나님께서 용서해 주시고, 구원해 주신다는 것을 말씀하신다. 하지만 미가서 7:10에서 "네 하나님 여호와가 어디 있느냐 하던 자라 그가 거리의 진흙같이 밟히리니 그것을 내가 보리로다"라는 말씀과 7:18에서 "주와 같은 신이 어디 있으리이까 주께서는 죄악과 그 기업에 남은 자의 허물을 사유하시며 인애를 기뻐하시므로 진노를 오래 품지 아니하시나이다"라는 말씀이 나훔서에서 그대로 이루어지고 있다. 하나님께서 다시 죄악과 불의를 행하는 니느웨를 심판하고 있다. 이렇게 이방인 니느웨에 대한 구원과 심판을 말씀하시는 요나서와 나훔서의 중심에 미가서가 있다. 이것을 도표로 나타내면 다음과 같다.

요나	미가	나훔
니느웨의 구원	북 이스라엘과 남 유다	니느웨의 멸망

	성경 - 권위			
영원	창 1-4장	미가서	계 19-22장	영원
	첫 창조와 타락	심판과 구원(회복)	심판과 새 창조	
	성경 - 토대			

성경 전체 66권의 중심이 되는 것이 미가서이다. 미가서는 크게 세 부분으로 나눌 수 있다. 즉 각각 '들으라'(שִׁמְעוּ)로 시작하는 1:2, 3:1, 6:1을 중심으로 세 부분으로 나눌 수 있다. 이렇게 세 부분으로 나누면, 첫째, 1-2장이다. 둘째, 3-5장이다. 셋째, 6-7장이다. 이러한 각 단락들을 보면, 전반부에는 선민의 범죄 지적이나 심판 예언 등의 부정적 내용이 나오고, 후반부에는 구원과 회복의 예언 및 메시아의 도래 예언과 같은 긍정적 내용이 나오는 형식으로 되어 있다. 그러면서 이러한 각 단락들 안에 '심판과 구원'이 서로 짝을 이루고 있다는 것을 강조하고 있다. 첫 번째 단락에서(1:2-2:13), 1:2-2:11은 심판이며, 2:12-13은 구원이다. 두 번째 단락에서(3:1-5:15), 3:1-12은 심판이며, 4:1-5:15은 구원이다. 세 번째 단락에서(6:1-7:20), 6:1-7:6은 심판이며, 7:7-20은 구원이다. 각 단락들이 모두 심판에서 구원으로 연결된다. 심판이 중심이 아니라, 구원이 핵심이다. 심판을 통한 구원이다. 회개를 통한 회복이다. 이와 같이 미가서는 심판에서 구원으로 향하고 있다. 심판이 중심이 아니라, 구원이 중심이다. 심판이 목적이 아니라, 구원이 목적이다. 심판이 핵심이 아니라, 구원이 핵심이다. 성경 전체의 주제와 아주 밀접하게 연결되어 있다.

목 | 차

태초에 하나님이 천지를 창조하셨느니라.
In the beginning God created the heavens and the earth.
창세기 1:1

01

태초에 하나님이 /
천지 창조

01 태초에 하나님이 / 천지창조

성경 : 창세기 1 : 1 - 2

> **서론** 성경은 하나님의 말씀이다. 그것도 정확무오한 하나님의 말씀이다. 단순히 거룩한 책이 아니다. 경전으로서 성경이다. 최고의 권위를 가진 성경이다.

1) 그럼 왜 성경이 하나님의 말씀인가?

- 첫째, 성경은 하나님의 영감으로 기록되었기 때문이다(딤후 3:16, 벧후 1:21).
- 둘째, 성경은 하나님의 계시이기 때문이다. 그것도 특별계시이다 (계 1:1, 요 5:39, 46, 8:56, 행 10:43, 히 1:1-2.)
- 셋째, 성경은 하나님의 규범이기 때문이다. 유일한 규칙이고, 진리이다(딤후 3:16-17, 요 6:68).

2) 성경의 중요한 4가지 기초 원리는 무엇인가?

- 첫째, 역사성이다.
- 둘째, 점진성이다.
- 셋째, 다양성이다.
- 넷째, 통일성이다.

3) 성경은 하나의 구조적 통일성을 이루고 있다. 구약 39권과 신약 27권으로 서로 짝을 맞추고 있다(사 36:14).

4) 성경을 전체적으로 보면, 성경의 가장 처음은 구약의 창세기이며, 성경의 가장 마지막은 신약의 요한계시록이다.

- 창세기가 만물의 시작을 알려준다면, 요한계시록은 완성을 보여주는 것이다.
- 창세기가 천지창조를 통해 하나님 나라의 시작을 말씀한다면, 요한계시록은 예수 그리스도로 말미암은 하나님 나라의 완성을 말씀하고 있다.
- 창세기 중에 특별히 1-3장과 요한계시록 중에 특별히 20-22장은 서로 밀접하게 연관성을 가지고 있는 수미쌍관(inclusio)을 이루고 있다.
- 창세기의 창조 즉 에덴동산에서 시작하여, 요한계시록의 새 창조 즉 새 하늘과 새 땅, 에덴의 회복으로 끝을 맺고 있다. 이것을 도표로 보면 다음과 같다.

창세기 1-2장	창세기 3장 - 계시록 20장	계시록 21-22장
에덴의 창조	엉망진창인 세상, 타락과 멸망이다.	에덴의 회복

영원 창조 구약 예수 그리스도 신약 영원 새창조

5) 이러한 관점에서 창세기 1-3장을 살펴보고, 그 다음에 요한계시록 20-22장을 살펴보는 것은 대단히 중요한 의미가 있다. 그것은 성경의 전체적인 맥락을 한 눈에 볼 수 있기 때문이다.

6) 창세기 1:1-2:3이 하나의 단락이다.

그것은 창세기 2:4에서 "이것이 천지가 창조될 때에 하늘과 땅의 내력이니…"라고 하면서 창세기의 열 개의 '톨레도트'(תּוֹלְדוֹת) 가운데 제일 첫 번째 '톨레도트'(תּוֹלְדוֹת)이기 때문이다. 물론 2:4의 '톨레도트'(תּוֹלְדוֹת)는 앞 부분과 뒷부분을 연결하는 다리 역할을 하고 있다.

7) 창세기 1:1-2:3의 창조 기사는 크게 영원, 창조, 안식이라는 3개의 영역을 보고하고 있다. 이것은 다음과 같은 구조로 세밀하게 구성되어 있다.

A 창조 서언과 창조 직후의 상황(1:1-2) : 혼돈과 공허 그리고 흑암	
창조의 기반 조성(1:3-13) 1일 : 빛(1:3-5) 2일 : 궁창(1:6-8) 하늘 3일 : 두 개의 창조(1:9-13) 　- 마른 땅 / 바다(1:9-10), 　- 채소(1:11-13)	창조의 채움(1:14-31) 4일 : 광명체(1:14-19) 5일 : 거주자들(1:20-23) 새 / 물고기 6일 : 두 개의 창조(1:24-31) 　- 땅의 동물(1:24-25), 　- 인간(1:26-31)
A' 창조의 완성과 창조로 인한 축복(2:1-3) : 안식	

8) 먼저, 창세기 1:1-2을 살펴보자.

1. 창조의 시작이다. 창조의 선언이다.

1) 창세기 1:1에서 "태초에 하나님이 천지를 창조하시니라"(הָאָרֶץ׃ בְּרֵאשִׁית בָּרָא אֱלֹהִים אֵת הַשָּׁמַיִם וְאֵת, In the beginning God created the heavensand the earth)라고 한다. 놀랍고 위대한 선언이다. 이러한 창조의 선언을 통해 성경 전체의 시작, 구약 성경의 시작, 창조의 시작을 알려주고 있다. 그것도 창세기 1:1의 히브리어 단어는 '7' 개이다.

2) 창세기 1:1의 주어는 '하나님'이다. 하나님의 존재를 제일 먼저 선언하고, 하나님이 온 우주의 통치자이심을 선언하고 있다. 그 하나님은 '엘로힘'이다.

3) 그 하나님이 창조하셨다. '창조'란 오직 하나님께만 사용된 단어이다. 하나님의 놀라운 권능과 위엄을 강조하고 있다.

4) 하나님께서 우주 만물을 창조하셨는데, 만물의 가장 기본인 세 가지를 먼저 창조하셨다.

- 첫째, '태초'이다. 이는 시간의 출발이다. 그 이전은 영원이다. 원천적 창조 사건이 일어난 때를 가리킨다.
- 둘째, '천'이다. 하늘이다. 하나님은 하늘이라는 공간을 창조하셨다. 창조의 대상이 '하늘들'로 복수이다.
- 셋째, '지'이다. 땅이다. 하나님은 땅이라는 물질을 창조하셨다. 그 땅은 하늘과 대조되는 의미이다.

5) 하나님께서는 무에서 유를 창조하셨다. 이와 같이 창세기에서 모세의 선언을 통해 애굽에서 다신의 세계 속에서 살았던 이스라엘 백성들에게 오직 하나님만이 통치자이시며, 온 우주가 하나님의 장중에 있음을 선포하고 있다. 따라서 피조물인 인간은 창조주 하나님을 경배하고, 예배해야 한다. 오로지 창조주 하나님만이 인간의 유일한 예배 대상이다(시 115:4-7, 사 40:19-20, 43:21)

2. 창조 이전의 상태이다. 창조된 세상의 모습이다.

1) 창세기 1:1에서 하나님이 천지를 창조하셨다는 말씀을 통해서 하나님이 온 우주의 통치자, 소유자이심을 선언했다. 이제 그 하나님이 창조하시던 초기의 세상의 모습을 말씀하고 있다. 창세기 1:2에서 "땅이 혼돈하고 공허하며 흑암이 깊음 위에 있고 하나님의 영은 수면 위에 운행하시니라"(תְּהוֹם וְרוּחַ אֱלֹהִים מְרַחֶפֶת עַל־פְּנֵי הַמָּיִם׃ וְהָאָרֶץ הָיְתָה תֹהוּ וָבֹהוּ וְחֹשֶׁךְ עַל־פְּנֵי)라고 한다.

2) 창세기 1:1과 창세기 1:2을 연결해서 해석하면, 일반적 진술에서 창세기 1:2은 하나님이 창조하셨던 당시의 모습, 면모를 서술하고 있다(사 64:8).

3) 창세기 1:2은 '그 땅'에 대해서 구체적으로 말씀하고 있다. 창조에 대한 구체적인 내용으로서 창조 이전 상태에 대한 기록이다.

4) 창세기 1:2의 주어는 '하나님의 영'이다. 창조 이전의 상태에서 운행하시는 하나님의 모습을 말씀한다. 땅의 원초적 상태를 세 가지

로 말씀하고 있다.

- 첫째, 땅이 혼돈하고 공허했다.

그 땅	
혼돈하고	공허하며
첫째 날, 빛과 어둠을 나누심	넷째 날, 낮과 밤을 주관할 광명체들을 창조하심
둘째 날, 궁창 아래의 물과 궁창 위의 물로 나누심	다섯째 날, 하늘을 채울 새와 바다를 채울 물고기를 창조하심
셋째 날, 바다와 육지를 나누심, 식물을 창조하심	여섯째 날, 육지를 채우고 식물을 먹을 짐승과 인간을 창조하심

- 둘째, 흑암이 깊음 위에 있었다.
- 셋째, 하나님의 영은 수면 위에 운행하였다.

5) 하나님의 영은 무질서에서 질서로, 공허에서 채움으로, 흑암에서 소망으로, 질서 있게 창조하신다. 이제 6일간의 창조를 통해 새로운 질서를 보시기에 심히 좋게 창조하신다.

6) 이러한 말씀이 출애굽한 이스라엘 백성들에게 그대로 적용된다. 구약의 예레미야 선지자는 '내가 땅을 본즉 혼돈하고 공허하다'(렘 4:23)라고 한다. 하나님의 영이 없는 곳에는 오직 혼돈과 공허만 있다. 참으로 아름다움도, 기쁨도, 만족도, 희망도 없다. 에스겔 37장의 골짜기의 마른 뼈와 같다. 죽은 시체와 같다. 그곳에는 반드시 하나님의 영, 성령이 역사해야 생명의 역사, 새 창조의 역사가 일어난다.

성경의 제일 처음, 구약성경의 제일 처음이 창세기이다. 창세기는 열 개의 '톨레도트'로 구성되어 있다. 그 중심은 창세기 11:27이다. "데라의 족보는 이러하니라 데라는 아브람과 나홀과 하란을 낳고 하란은 롯을 낳았으며"라고 시작하는 데라의 족보 즉 '톨레도트' 가운데 아브라함이 중심이 되고 있다.

1) 아브라함을 중심으로 창세기 1:1-11:26까지 즉 창세기 1:1에서 "태초에 하나님이 천지를 창조하시니라"라고 시작하여, 11:26에서 "데라는 칠십 세에 아브람과 나홀과 하란을 낳았더라"라는 말씀으로 끝을 맺으면서 하나의 큰 단락을 이룬다. 이것을 '태고사', 혹은 '원역사'라고 한다.

2) 창세기 11:27-50:26까지 즉 창세기 11:27에서 "데라의 족보는 이러하니라 데라는 아브람과 나홀과 하란을 낳고 하란은 롯을 낳았으며"라고 시작하여, 50:26에서 "요셉이 백십세에 죽으매 그들이 그의 몸에 향 재료를 넣고 애굽에서 입관하였더라"고 끝을 맺으면서 하나의 큰 단락을 이룬다. 이것을 '족장사', 혹은 '족장시대'라고 한다.

3) 창세기는 아브라함을 중심으로 앞에는 '태고사', 뒤에는 '족장사'로 이루어져 있다.

4) '태고사' 혹은 '원역사'(창 1:1-11:26) 가운데 창조에 대한 첫 번째

기사는 창세기 1:1-2:3이다. 왜냐하면 창세기 1:1에서 "태초에 하나님이 천지를 창조하시니라"라는 창조의 선언으로 시작하여, 창세기 2:3에서 "하나님이 그 일곱째 날을 복되게 하사 거룩하게 하셨으니 이는 하나님이 그 창조하시며, 만드시던 모든 일을 마치시고 그 날에 안식하였음이니라"로 끝을 맺고 있기 때문이다. 그리고 2:4에서 '이것이 천지가 창조될 때에 하늘과 땅의 내력이니…'라고 하면서 새로운 단락이 시작되기 때문이다.

5) 창세기 1:1-2:3은 창세기 전체의 시론과 깊은 역할을 하며, 동시에 성경 전체의 서문과 같은 역할을 하고 있다. 그 중에 창세기 1:1-2은 천지 창조의 선언적 서언과 창조 이전의 상태를 말씀하고 있다. 그러면서 창세기 2:1-3은 창조의 완성으로 7일의 안식에 대한 축복을 말씀하고 있다. 이렇게 창세기 1:1의 '7'개의 단어로 시작하면서, 창조에 대한 '7'일이라는 틀 속에서 7-7로 연결되어 있다. 이 부분을 구조적으로 보면 다음과 같다.
- A 창 1:1-2 창조의 시작
-   B 창 1:3-31 창조의 내용(과정)
- A' 창 2:1-3 창조의 완성

6) 창세기 1:1-2에서 두 가지만 생각한다. 첫째는 하나님은 창조자이시다. 창조주 하나님이시다. 둘째는 하나님은 질서이시다. 질서의 하나님이시다.

하나님이 이르시되 빛이 있으라 하시니 빛이 있었고
And God said, Let there be light: and there was light.
창세기 1:3

02

첫째 날과 둘째 날 창조

02 첫째 날과 둘째 날 창조

성경 : 창세기 1 : 3 - 8

> **서론** 창세기에는 열한 개의 '톨레도트'(niחֹלֹin)가 있다. 그 중에 36:1과 36:9은 모두 에서 곧 에돔의 족보가 동일하기 때문에 하나의 단락으로 생각하여 열 개의 '톨레도트'(ni חֹלֹin)라고 한다.

1) '톨레도트'는 앞과 뒤의 다리 역할을 하며, 연결고리, 전환 역할을 한다.

   다시 말해서 '톨레도트'는 전수받은 역사를 정리하고, 기록함에 있어서 새로운 주제와 장르로 전환할 때 다음 단락의 첫 마디에 사용하여 새로운 주제가 전개되는 것을 알려주는 역할을 한다.

2) 창세기의 열 개의 '톨레도트' 가운데 그 중심이 창세기 11:27에서 "데라의 족보는 이러하니라 데라는 아브람과 나홀과 하란을 낳고 하란은 롯을 낳았더라"이다. '데라의 족보' 즉 '톨레도트' 가운데 아브라함이 중심이 되고 있다(앞에 5개의 '톨레도트' + 뒤에 5개의 '톨레도트'로 구성).

3) 아브라함을 중심으로 전반부는 창세기 1:1-11:26까지를 '태고
사'라고 한다. 원시 역사이다. 여기에서는 아주 중요한 4대 사건
이 있다.

- 첫째, 창조사건이다(창 1:1-2:25).
- 둘째, 타락사건이다(창 3:1-5:32).
- 셋째, 홍수사건이다(창 6:1-9:29).
- 넷째, 바벨탑 사건이다(창 11:1-9).

4) 아브라함을 중심으로 후반부는 창세기 11:27-50:26까지를 '족
장사'라고 한다. 족장 시대이다. 여기에서는 아주 중요한 4명의
인물이 있다.

- 첫째, 아브라함이다(창 11:27-25:18).
- 둘째, 이삭이다(창 25:19-26:35).
- 셋째, 야곱이다(창 27:1-36:43).
- 넷째, 요셉이다(창 37:1-50:26).

5) 창세기는 4개의 사건과 4명의 인물로 구성되어 있다.

여기 하나를 더 추가하면 4개의 족보가 있다(아담-5:1-6:8, 셈, 함, 야
벳-10:1-11:26, 이스마엘-25:12-18, 에서-36:1-43).

6) 창세기의 첫 번째 단락이 창 1:1-2:3이다.

창세기 2:4에서 첫 번째 '톨레도트'가 시작되면서 새로운 단락이 시작되기 때문이다. 창세기 1:1-2은 천지 창조의 선언적 서언과 창조 이전의 상태를 말씀하고 있다. 그러면서 창세기 2:1-3은 창조의 완성으로 7일의 안식에 대한 축복을 말씀하고 있다. 이렇게 창세기 1:1의 '7'개의 단어로 시작하면서, 창조에 대한 '7'일이라는 틀 속에서 7-7로 연결되어 있다. 이 부분을 구조적으로 보면 다음과 같다.

- A 창 1:1-2 창조의 시작
- B 창 1:3-31 창조의 내용(과정)
- A' 창 2:1-3 창조의 완성

7) 창조의 시작과 창조 이전 상태(창 1:1-2)와 창조의 완성과 창조로 인한 안식의 축복(창 2:1-3)으로 서로 수미쌍관(inclusio)을 이루고 있다.

그 중심부에 창조의 내용인 창세기 1:3-31의 말씀이 있다. 그것도 창조의 내용을 말씀하시는 부분에서 '하나님이 이르시되'(창 1:3, 6, 9, 14, 20, 24)로 시작되고, '저녁이 되고 아침이 되니 이는 0째 날이니라'(창 1:5, 8, 13, 19, 23, 31)는 말씀으로 6일 동안 창조 내용이 기록되어 있다. 이제 천지 창조(창 1:1-2)에 이어 첫째 날과 둘째 날 창조에 대해서 살펴보자.

1. 첫째 날 창조 / 빛이 있으라

1) 창세기 1:1에서 하나님께서 태초에 하늘들과 땅을 창조하셨다. 이어서 1:2에서 그 땅에 대해서 말씀하면서 '혼돈하고, 공허하며, 흑암이 깊음 위에 있었다. 그러나 하나님의 영은 수면 위에 운행하시니'라고 했다.

2) 이제 창세기 1:3-5에서 첫째 날 창조에 대해서 말씀한다. 1:3에서 "하나님이 이르시되 빛이 있으라 하시니 빛이 있었고"라고 한다. 1:3을 시작하면서 '하나님'이라고 한다. 이것은 1:1의 '태초의 하나님', 1:2의 '하나님의 영'이라고 했던, 그 하나님을 1:3에서 다시 강조하고 있다. 창조의 주체가 바로 전능하신 하나님이심을 강조하고 있다.

3) 그 하나님이 '빛이 있으라 하시니 빛이 있었고'라고 한다. 여기서 '빛'이 무엇이냐에 대하여는 다양한 견해가 있다. 그러나 빛이 초점이 아니라, 빛을 창조하신 하나님을 강조하고 있다. 그리고 빛을 창조하신 하나님은 그 빛을 보셨다. 그 빛이 하나님 보시기에 좋았더라는 것이다(창 1:4, 10, 12, 18, 21, 25, 31). 그런데 특이한 것은 1:3이다. 1:3만 그 목적어를 갖고 있다는 사실이다.

4) 하나님께서 그 빛을 창조하심으로 보시기에 좋았다고 한다. 모든 최종 평가는 하나님에 의해서 내려지면서 보시기에 좋았다고 한다. 그러면서 하나님이 빛과 어둠을 나누었다고 한다. 하나님께서는 빛을 창조하심으로, 그 빛을 어둠으로부터 분리하셨다(창 1:2, 4).

그래서 빛과 어둠이 나누어지게 되었다. 창세기 1장에서 세 번의 분리를 말씀하고 있다(창 1:4, 7, 9). 서로 섞이지 않게 엄격하게 구분이 이루어졌다.

5) 그러면서 창세기 1:5에서 "하나님이 빛을 낮이라고 부르시고, 어둠을 밤이라고 부르시니라"고 한다. 빛을 비추는 부분이 낮이 될 동안 빛을 비추지 않는 부분은 밤이 되어 주야로 나누어지게 된 것이다. 하나님께서 빛을 낮이고, 어둠을 밤이라고 이름을 지으시면서 그렇게 칭하셨다. 이것은 낮도 하나님의 것이요, 밤도 하나님의 것이다(시 74:16)라며 하나님께서 절대적 소유권과 절대적 주권과 통치권을 가지고 있음을 말하고 있다.

6) 창세기는 하나님께서 모세를 통해 기록하게 하셨다. 따라서 창세기의 일차적 청중은 출애굽한 이스라엘 백성들이다. 시내산 아래 있는 이스라엘 백성들이다. 그 당시 애굽은 태양신의 나라였다. 태양신 라(Ra)가 애굽에서 가장 오래되고 근본적인 신이었다. 태양신 라(Ra)의 빛이 애굽을 보호하고 있다고 생각했다. 그러나 태양신 라(Ra)가 최고의 신이 아니라, 빛을 만드신 하나님이 최고의 신이라는 것이다. 따라서 빛을 창조하신 하나님만을 경배하고, 예배해야 한다.

7) 그 이유는 창조주 하나님께서 '빛과 어둠'을 나누셨기 때문이다. 빛을 낮이라고 칭하고, 어둠을 밤이라고 칭하셨기 때문이다. 하나님께서 자신의 절대적 권위를 가지고, 선택과 구별을 하셨기 때문이다. 하나님께서 애굽과 그 주변의 가나안 족속들과 출애굽한 이

스라엘 백성들을 친히 나누시고, 출애굽한 이스라엘 백성들을 빛으로 삼으셨다는 것이다. 그러므로 빛과 어둠, 낮과 밤은 절대로 함께할 수 없다는 것이다. 출애굽한 이스라엘 백성들은 애굽과 그 주변의 이방인과 다르게 살아야 한다는 것이다(고후 6:14-17).

2. 둘째 날 창조 / 궁창이 있으라

1) 창세기 1:6에서 '그 물 가운데 궁창이 있어'라고 하였다. 그 물은 바로 1:2의 '수면 위에'와 같은 물이다. 1:2에서 흑암이 깊음 위에 있었으나 1:3의 창조 첫째 날 드디어 하나님께서 빛을 창조하시고 흑암을 몰아내셨다. 이제 1:6은 창조 둘째 날 '깊음' 즉 심연의 물에 대해서 질서를 부여하신 것이다. 하나님께서 그 물 중앙을 분리하셔서 궁창을 만드셨다. '궁창이 있으라'고 하며 물과 물을 나누셨다.

2) 이러한 궁창을 창세기 1:8에서 하늘이라고 칭한다. 그 당시 히브리인들은 하늘을 세 개의 층으로 구성되어 있다고 생각했다. 첫째, 대기권인 하늘이다. 둘째, 우주 공간인 하늘이다. 셋째, 하나님의 처소인 하늘이다. 이 세 가지 중에서 이 때부터 앞으로 인간과 온갖 동, 식물들이 살게될 지구를 보호하는 대기권이 조성된 하늘이 형성되었다는 것이다.

3) 창세기 1:6-7에서 '하나님이 궁창을 만드사'라고 한다. 여기 '만드

사'는 창세기 1:1의 '창조하시니라'와 다른 단어를 사용한다. 창세기 1:1에서는 '창조'란 무에서 유를 창조하시는 '바라'이다. 그러나 창세기 1:7의 '만드사'란 기존 재료를 사용하여 새로운 것을 만드는 행위인 '아사'이다. 따라서 하나님께서는 무에서 유를 창조하실 뿐 아니라, 이미 존재했던 것을 새롭게 만드시는 신적 창조력과 자비하심을 드러내고 있다.

4) 하나님께서 그 궁창으로부터 아래의 물과 위의 물 사이를 나뉘게 하셨다. 궁창 아래의 물은 지구상의 모든 물, 곧 바다와 강, 그리고 호수, 지하수까지 포함되는 것이다. 그리고 궁창 위의 물이란, 대기 속에 들어있는 물을 말한다. 그래서 궁창 위의 물에서 비와 눈과 이슬이 내리는 것이다. 그러면서 이러한 궁창을 하늘이라고 칭하셨다. 첫 번째는 빛을 낮이라고, 두 번째는 어둠을 밤이라고, 세 번째는 궁창을 하늘이라고 각각 이름을 지어주신 것이다. 이렇게 이름을 부여하신 것은 하나님의 주권과 소유권의 행사를 뜻한다. 하늘을 하나님의 소유로 등기하셨다(신 10:14, 11:17, 28:12). 이로써 오직 하나님만이 하늘을 다스리신다는 사실을 확실히 하셨다.

5) 만물의 주권이 하나님께 있다. 하늘 위에 있는 물에 의해서 만물의 생(生)과 사(死)가 결정되는 것이다. 하늘 위의 물이 비가 되어 땅으로 내려온다. 사람과 짐승과 식물은 비가 와야 살 수 있다. 비가 적당히 내릴 때는 은혜이지만, 비가 내리지 않거나, 너무 많이 내리면 그것은 심판이다(호 5:3, 겔 13:11-13). 따라서 하나님은 인간의 생사화복의 주관자이시기도 하다.

6) 하나님께서 궁창 위의 물과 궁창 아래의 물로 나누신다. 동일한 물인데, 서로 위와 아래로 나누어진다. 이것은 출애굽한 이스라엘 백성, 동일한 이스라엘 백성인데, 둘로 나누어진다. 하늘을 쳐다보면서 은혜로 살아가는 사람이 있고, 땅을 쳐다보면서 멸망을 향해 살아가는 사람이 있다는 것이다. 하나님의 보좌가 있는 하늘을 쳐다보면서 위의 것을 찾고, 위의 것을 생각하는 자가 있는가 하면, 반대로 여전히 출애굽은 했지만, 세상의 것, 땅의 것만 추구하면서 살아가는 사람이 있다(골 3:1-6, 마 6:19-21).

> **결론** 태초에 하나님이 천지를 창조하셨다(창 1:1). 이제 하나님께서 첫째 날의 창조와 둘째 날의 창조에 대해서 말씀하신다.

1) 하나님께서 첫째 날에 빛을 창조하셨다. 땅에 초점을 맞추면서, 빛의 창조에 대해서 일곱 요소를 말씀하신다.

- 첫째, 창조의 방법으로 '하나님이 이르시되'이다.
- 둘째, 창조의 명령으로 '빛이 있으라 하시니'이다.
- 셋째, 창조의 성취로 '빛이 있었고'이다.
- 넷째, 창조의 평가로 '빛이 하나님이 보시기에 좋았더라'이다.
- 다섯째, 창조의 실행으로 '하나님이 빛과 어둠을 나누사'이다.
- 여섯째, 창조의 등기로 '하나님이 빛을 낮이라 부르시고, 어둠을 밤이라 부르시니라'이다.

- 일곱째, 창조의 내력으로 '저녁이 되고 아침이 되니 이는 첫째 날이니라'이다.

2) 하나님께서 둘째 날 궁창을 창조하셨다. 하늘에 초점을 맞추면서, 궁창 즉 하늘의 창조에 대하여 여섯 요소를 말씀하신다.

- 첫째, 창조의 방법으로 '하나님이 이르시되'이다.
- 둘째, 창조의 명령으로 '물 가운데에 궁창이 있어 물과 물로 나뉘라 하시고'이다.
- 셋째, 창조의 실행으로 '하나님이 궁창을 만드사 궁창 아래의 물과 궁창 위의 물로 나뉘게 하시니'이다.
- 넷째, 창조의 성취로 '그대로 되니라'이다.
- 다섯째, 창조의 등기로 '하나님이 궁창을 하늘이라 부르시니라'이다.
- 여섯째, 창조의 내력으로 '저녁이 되고, 아침이 되니 이는 둘째날이니라'이다.

3) 첫째 날과 둘째 날은 하나님의 천지 창조 사역이 같은 유형으로 비슷하게 기록되고 있다. 물론 순서나 내용상에 약간의 차이가 있다. 그러나 공통점이 상당히 발견된다.

첫째, 창조의 방법으로 '하나님이 이르시되'이다(창 1:3, 6, 9, 11, 14, 20, 22, 24, 26, 29). 둘째, 창조의 내력으로 '저녁이 되고, 아침이 되니 이는… 째 날이니라'이다(창 1:5, 8. 13, 19, 23, 31). 이 내용을 구체적으로 서로 비교해 보면 다음과 같다.

	첫째 날	둘째 날
창조의 방법	'하나님이 이르시되'	'하나님이 이르시되'
창조의 명령	'빛이 있으라 하시니'	'물 가운데에 궁창이 있어 물과 물로 나뉘라 하시고'
창조의 성취	'빛이 있었고'	'그대로 되니라'
창조의 평가	'빛이 하나님 보시기에 좋았더라'	
창조의 실행	'하나님이 빛과 어둠을 나누사'	'하나님이 궁창을 만드사 궁창 아래 물과 궁창 위의 물로 나뉘게 하시니'
창조의 등기	'하나님이 빛을 낮이라고 부르시고, 어둠을 밤이라 부르시니라'	'하나님이 궁창을 하늘이라 부르시니라'
창조의 내력	'저녁이 되고 아침이 되니 이는 첫째 날이니라'	'저녁이 되고 아침이 되니 이는 둘째 날이니라'

4) 그러나 첫째 날과 둘째 날의 창조에 차이점도 있다. 첫째 날 하나님께서 빛을 창조하시고, '그 빛이 하나님이 보시기에 좋았더라'라고 평가하셨다(창 1:4, 10, 12, 18, 21, 25, 31). 그러나 둘째 날에는 하나님께서 궁창을 만드시고, 첫째 날에 있었던 창조의 평가가 빠져 있다. '하나님이 보시기에 좋았더라'가 없다. 또한 첫째 날에는 '빛이 있으라 하시니 빛이 있었고'라고 한다. 그러나 둘째 날에는 "하나님이 궁창을 만드사 궁창 아래의 물과 궁창 위의 물로 나뉘게 하시니 그대로 되니라"고 한다. '그대로 되니라'라는 말씀이 첫째 날에는 빠져 있는데, 둘째 날에 처음으로 등장한다(창 1:7, 9, 11, 15, 24, 30).

5) 창세기 1:3-8의 주어가 무엇인가? 각 절마다 주어는 '하나님'이다.

창조의 명령도 하나님이시고, 창조의 실행도 하나님이시고, 창조물을 주장하며 다스리는 분도 하나님이시다. 오직 하나님께서 창조하셨다는 것이다. 모든 것의 주인은 오직 하나님이시다. 모든 것의 소유주는 하나님이시다. 출애굽한 이스라엘 백성들에게 인생의 참된 주인이 누구인지를 가르쳐주고 있다.

하나님이 이르시되 천하의 물이 한 곳으로 모이고
물이 드러나라 하시니 그대로 되니라
And God said, Let the waters under the heaven be gathered together unto one
place, and let the dry land appear: and it was so.
창세기 1:9

03

셋째 날과 넷째 날 창조

03 셋째 날과 넷째 날 창조

성경 : 창세기 1 : 9 - 19

> **서론** 창세기 1:1-2:3은 하나의 큰 단락이다(창 1:1과 2:3). 서로 수미쌍관(inclusio)을 이루고 있다. 그 중심부인 창세기 1:3-31에서는 6일간의 창조 내용을 말씀하고 있다. 이 부분을 구조적으로 보면 다음과 같다.
> A 1:1-2 창조의 시작
> B 1:3-31 창조의 내용(과정)
> A' 2:1-3 창조의 완성

1) 창세기 1:3-31에서 6일간의 창조 내용을 말씀하시는데, 아주 전형적인 하나의 구조적인 틀을 이루고 있다.

    6일간의 창조를 6개의 큰 단위로 말씀하고 있다(창 1:3-5, 6-8, 9-13, 14-19, 20-23, 24-31).

2) 이러한 6개의 큰 단위에는 모두 창조를 시작하는 말씀을 "하나님이 이르시되"(창 1:3, 6, 9, 14, 20, 24)로 시작하고 있다.

    물론 셋째 날과 여섯째 날에 "하나님이 이르시되"(창 1:11, 26)라는 말씀이 추가적으로 더 기록되어 있다.

3) 창조를 맺는 말씀으로는 "저녁이 되고 아침이 되니 이는 0째 날 이니라"(창 1:5, 8, 13, 19, 23, 31)로 끝을 맺고 있다.

그러면서 창조의 평가로 "하나님이 보시기에 좋았더라"(창 1:4, 12, 18, 21, 25)와 셋째 날에 한 번 더 "하나님이 보시기에 좋았더라"(창 1:10)라고 한다. 그런데 둘째 날만 "하나님이 보시기에 좋았더라"라는 말씀을 기록하지 않고 있다. 그러면서 마지막 여섯째 날에 "하나님이 지으신 그 모든 것을 보시니 보시기에 심히 좋았더라"(창 1:31)라는 말씀이 계속 반복되고 있다.

4) 그리고 또 하나 창조의 성취로 첫째 날에는 "빛이 있으라 하시니 빛이 있었고"(창 1:3)라고 하고, 나머지는 '그대로 되니라'(창 1:7, 9, 15, 24, 30)라는 말씀이 계속 반복되고 있다. 여기에서도 셋째 날에 한 번 더 '그대로 되어'(창 1:11)라고 한다.

5) 이러한 반복들을 통하여 하나님께서 말씀으로 창조하셨고, 말씀하신 대로 모든 것이 그대로 이루어졌으며, 이러한 피조물들이 하나님께서 보시기에 좋았음을 강조하고 있다.

6) 이제 셋째 날과 넷째 날 창조에 대해서 살펴보자.

1. 셋째 날 창조 / 땅과 바다, 식물 창조

1) 둘째 날 하나님이 '물 가운데 궁창이 있으라' 하시면서 물과 물, 즉 궁창 위의 물과 궁창 아래의 물로 나누셨다. 그 궁창을 하늘이라고 했다. 이제 궁창 아래의 물이 천하의 물 즉, 하늘 아래의 물이다. 아직 궁창 아래의 물이 혼돈하고, 공허한 상태로 육지를 창조하기 전 땅 전체를 뒤덮고 있었다. 여기에서 하나님은 두 가지 명령을 하신다.

   - 하나는 '천하의 물이 한 곳으로 모이라'라고 하신다.
   - 다른 하나는 '뭍이 드러나라'라고 하신다.

2) 이렇게 하나님께서 땅(육지)과 바다를 창조하셨다. 그것도 '하나님이 이르시되'라는 말씀으로 명령하시니, '그대로 되니라.' 말씀이 이루어졌다. 이와같이 하나님의 창조의 명령 앞에서 천하 만물은 절대적으로 순종했다. 물도, 산도, 골짜기도, 바다도 순종했다. 그러면서 하나님은 뭍을 땅(육지)이라고, 모인 물을 바다라고 부르셨다. 하나님은 땅(육지)과 바다라는 이름을 부여하심으로 하나님의 소유로 등기하셨다. 땅(육지)도, 바다도 다 하나님의 것이다(레 25:23, 시 95:5).

3) 그러면서 셋째 날에 땅(육지)과 바다가 창조되고 나서 다시 '하나님 보시기에 좋았더라'라고 한다(창 1:4, 둘째 날 생략). 셋째 날 하나님 보시기에 좋은 땅(육지)과 바다가 나누어졌다.

- 첫째 날은 빛과 어둠을 나누시면서 시간을 창조하셨다.
- 둘째 날은 궁창 아래의 물과 궁창 위의 물을 나누시면서 공간을 수직으로 나누셨다.
- 이제 셋째 날 바다와 육지를 나누시면서 공간을 나누시는데, 이번에는 수직적으로 나누신 것이 아니라, 수평적으로 나누셨다.

4) 따라서 이 세상은 명실공히 하늘과 바다와 땅(육지) 세 부분으로 나누어지게 되었다. 이제 하나님께서는 땅에 생명이 출현할 수 있도록 모든 준비를 갖추셨다.

5) 창세기 1:11-12에서 첫째 날과 둘째 날에 단 한 번씩만 사용하던 것을 셋째 날에는 다시 한 번 더 '하나님이 이르시되'라고 하면서 또 다른 창조 사역을 말씀하고 있다. '땅은 풀과 씨 맺는 채소와 각기 종류대로 씨 가진 열매 맺는 나무를 내라'라고 하신다. 창세기 1:1에서는 '바라' 즉 창조하셨고, 창세기 1:7에서는 '아사' 즉 만드셨으며, 창세기 1:12에서는 '다솨' 즉 내라고 하셨다. 모든 식물을 동시에 완성품으로 순간적으로 땅에서 나오도록 창조하셨다. 그것도 '각기 종류대로'라는 말씀을 반복하여 강조한다.

6) 이것이 출애굽한 이스라엘 백성들에게 어떤 의미가 있는가? 출애굽한 이스라엘 백성들도 하나님께서 창조하신 땅에 살고 있다. 그 땅에서 각기 다른 종류대로, 다양한 은사를 주셨다. 그 목적은 바로 열매를 맺는 것이다. 열매를 통해서 하나님께 영광을 돌려야 한다(마 21:19, 요 15:16).

2. 넷째 날 창조 / 광명체들이 있으라

1) 이제 땅에서 하늘로 전환된다. 넷째 날은 7일 가운데 가장 중심부이다. 넷째 날 창조는 둘째 날 창조하신 하늘의 궁창에 광명체들이 있으라고 하신다. 하늘 궁창에 채울 광명체 즉 발광체를 창조하셨다.

2) 하늘의 광명체들을 창조하신 목적을 세 개의 명령형 동사를 통해 밝히고 있다.

  - 첫째, 나뉘게 하라.
  - 둘째, 이루게 하라.
  - 셋째, 땅을 비추라.

3) 이렇게 하나님께서 명령하신 대로 하늘의 궁창에는 광명체들 즉 해와 달을 비롯해서 셀 수도 없는 뭇별들이 그대로 생겨나게 되었다. 창세기 1:15의 '그대로 되니라'는 두 가지 의미가 있다.

  - 하나는 하나님이 명령하신 대로 하늘의 광명체들이 그대로 창조되었다는 의미이다.
  - 다른 하나는 하늘의 광명체들이 주어진 기능을 충실하게 감당하기 시작했다는 의미도 함께 있다.

4) 창세기 1:14-15의 말씀을 창세기 1:16-18에서 구체적으로 말씀하고 있다. 창조가 실행된 내용을 반복적으로 자세히 말씀하고 있다. 이것을 구조적으로 보면 다음과 같다.

  - A 창 1:14 낮과 밤을 나뉘게 하라

- B 창 1:14 절기와 날과 해의 지표가 되게 하라

-   C 창 1:15 땅을 비추라

-    D 창 1:16 큰 광명체로 낮을 주관하게 하시고   하나님이 두 큰

-    D' 창 1:16 작은 광명체로 밤을 주관하게 하시고   } 광명체를 만드사

-   C' 창 1:17 땅에 비추게 하시며

- B' 창 1:18 낮과 밤을 주관하게 하시며

- A' 창 1:18 빛과 어둠을 나뉘게 하시니

5) 넷째 날에 큰 광명체(해)와 작은 광명체(달)를 창조하셨다. 하나님께서 두 큰 광명체를 만드셔서 그중 더 큰 광명체로 하여금 낮을 주관케 하셨다(D). 그리고 더 작은 광명체로 하여금 밤을 주관케 하셨다(D'). 이 부분이 핵심이며, 중심부다. 이 중심부를 중심으로 그 앞으로 A와 B와 C는 하나님의 명령이고, C'와 B'와 A'는 이에 대응하는 하나님의 명령에 따라 실제 상황이 발생하였음을 기록한다. 그것도 중심부를 두고 원인과 결과로 단 한치의 오차도 없이 그대로 이루어졌음을 말씀한다. 완전한 대칭 구조로 이루어져 있다. 그것도 나뉘게 하고, 이루게 하고 혹은 주관하게 하고, 비추게 하는 것을 역순으로 말씀한다.

6) 그러면서 전치사 '레'(ﾚ) 즉 '…하기 위하여'가 창세기 1:14-18에서 무려 11회나 사용되어 해와 달이 그 자체로서 무슨 목적이 있는 것이 아니라, 다른 피조물을 위하여 철저하게 봉사하는 기능만 있음을 강조한다. 하늘의 광명체는 사람을 섬기는 것이지, 사람들이 경배해야 할 대상이 아니라는 것을 분명히 한다.

7) 하나님께서 출애굽한 이스라엘 백성들을 하나님 자신의 백성으로 삼으신 것은 이스라엘 백성들로 하여금 주변에 있는 이방인들에게 빛을 비추기 위해서이다. 출애굽하도록 부르신 목적 중의 하나가 이방인들에게 광명체의 역할을 하게 하시기 위해서이다(마 5:14-16, 엡 5:8, 빌 2:15).

> **결론** 하나님께서 하늘과 땅을 창조하셨다. 첫째 날 빛이 있으라 하시면서 빛을 창조하셨다. 땅에서 하늘로 전환하면서 둘째 날 궁창이 있으라 하시면서 궁창을 창조하셨다. 궁창 위의 물에서 궁창 아래의 물로 전환하면서 셋째 날 천하의 물이 한 곳으로 모이고, 뭍이 드러나라고 하시면서 땅과 바다를 창조하셨다.

1) 첫째 날에서 셋째 날까지 공통점이 있다. 그것은 첫째 날에 빛과 어둠을 나누셨다. 둘째 날 궁창 아래의 물과 궁창 위의 물로 나누셨다. 셋째 날에는 땅과 바다를 나누셨다. 이렇게 첫째 날에서 셋째 날까지 계속 나누셨다. 혼돈과 공허의 상태에서 함께 섞여 있었던 것들의 무질서에서 이제 하나 하나 구분하면서 각각의 영역에서 자리를 잡는 질서의 창조를 말씀한다.

2) 그러면서 셋째 날의 창조는 첫째 날과 둘째 날과는 다르게, 드디어 그 땅에 풀과 씨 맺는 채소와 각기 종류대로 씨가진 열매 맺는 나무를 내라고 하시면서 땅이 풀과 각기 종류대로 씨 맺는 채소와 각기 종류대로 씨가진 열매 맺는 나무를 내게 되었다. 한마디로 그

땅에 각기 종류대로 식물을 창조하고 있다. 이것을 도표로 보면 다음과 같다.

그 땅이 혼돈하고 공허하고 흑암한 가운데서 나눔의 창조	
첫째 날 – 빛을 창조	빛과 어둠을 나눔
둘째 날 – 궁창을 창조	궁창 위의 물과 아래의 물로 나눔
셋째 날 – 땅과 바다, 식물 창조	땅과 바다를 나눔 풀, 채소, 나무를 창조

3) 그런데 넷째 날은 셋째 날의 땅에서 다시 하늘로 전환되고 있다. 하늘의 궁창에 광명체들이 있으라고 하시면서 낮과 밤을 주관하게 하시고 있다. 첫째 날 빛을 창조하시면서 낮과 밤을 나뉘게 하신 것을 이제 광명체들을 창조하시면서 두 큰 광명체인 즉 해와 달과 그리고 별들로 하여금 낮과 밤을 주관하게 하시고 있다. 이것을 통해서 첫째 날에 빛을 창조하시고, 낮과 밤을 나누셨던 것을 이제 광명체들을 창조하시면서 해, 달, 별들로 채우시고 있다. 그 땅이 혼돈하고 공허하고 흑암한 가운데서 첫째 날과 둘째 날과 셋째 날은 나눔을 통해서 혼돈에서 질서의 창조를 말씀하고 있다면, 이제 넷째 날은 공허에서 충만의 창조를 말씀하고 있다.

4) 지금까지 나누었던 각 영역을 피조물로 채우는 것을 말씀한다. 넷째 날에는 하나님께서 첫째 날 창조하셨던 빛을 광명체 즉 해, 달, 별들로 채우고 있다. 비었던 창조의 공간들을 여러 피조물들로 충만케 하고 있다. 이것을 도표로 보면 다음과 같다.

그 땅이 혼돈하고 공허하고 흑암한 가운데서 채움의 창조	
넷째 날 – 광명체를 창조	빛을 채움(광명체 즉 해, 달, 별)
다섯째 날 – 새와 물고기를 창조	궁창과 바다를 채움(새, 물고기)
여섯째 날 – 땅의 동물과 인간을 창조	땅을 채움(동물, 인간)

5) 그러니까, 하나님께서는 첫째 날과 둘째 날, 셋째 날을 '혼돈에서 질서'의 모습으로 창조하셨다면, 넷째 날은 '공허에서 충만'의 모습으로 창조하셨다. 무엇으로 창조하셨는가? 한 마디로 '하나님이 이르시되'이다(창 1:3, 6, 9, 11, 14, 20, 22, 24, 26, 29). 창세기 1장에서 열 번이나 반복적으로 사용하고 있다. 하나님께서 모든 세계를 창조하셨을 때, 말씀으로 창조하셨다는 사실을 계속적으로 강조하고 있다. 하나님 자신이 주권을 가지시고, 말씀으로 창조하셨다. 하나님이 말씀하시니 '그대로 되니라'라고 한다(창 1:7, 9, 11, 15, 24, 30). 첫째 날만 1:3에서 '빛이 있으라 하시니 빛이 있었고'라고 하고, 둘째 날부터는 계속해서 '하시니, 그대로 되니라'라고 하면서 여섯 번이나 기록하고 있다. 하나님의 말씀대로 그대로 이루어진다는 것이다. 그리고 '저녁이 되고 아침이 되니 이는 O째 날이니라'라는 말씀도 계속 기록되어 있다(창 1:5, 8, 13, 19, 23, 31).

6) 그리고 둘째 날에 기록되지 않았던 '하나님 보시기에 좋았더라'는 첫째 날에 이어서 셋째 날과 넷째 날에 다시 기록되고 있다(창 1:4, 10, 12, 18, 21, 25, 31). 창세기 1장에 일곱 번이나 기록되어 있다. 하나님께서는 혼돈에서 질서를 만드시고, 공허에서 충만하게 하

신 것을 보시고 '하나님이 보시기에 좋았더라'라고 하신다. 이것은 하나님께서 기뻐하시는 피조 세계의 모습이 무엇인지를 말씀하고 있다. 하나님께서 보시기에 좋은 모습은 피조물인 우리와 모든 만물이 하나님께서 허락하신 자리를 지키고, 그 가운데 피조 세계가 충만한 모습인 것이다.

하나님이 이르시되 물들은 생물을 번성하게 하라
땅 위 하늘의 궁창에는 새가 날으라 하시고
And God said, Let the waters bring forth abundantly the moving creature
that hath life, and fowl that may fly above the earth in the open firmament of heaven.
창세기 1:20

04

다섯째 날과 여섯째 날 창조

04 다섯째 날과 여섯째 날 창조

성경 : 창세기 1 : 20 – 31

> **서론** 창세기 1:1-2:3은 하나의 큰 단락이다. 그 중심부는 1:3-31이다. 6일간의 창조의 내용이다. 아주 전형적인 하나의 구조적인 틀을 이루고 있다. 6일간의 창조를 6개의 큰 단위로 말씀하고 있다(창 1:3-5, 6-8, 9-13, 14-19, 20-23, 24-31).

1) 이러한 6개의 큰 단위는 다음과 같이 구조적인 틀을 이루고 있다.

- 첫째, 창조의 시작은 모두 "하나님이 이르시되"(창 1:3, 6, 9, 11, 20, 24)라는 말씀으로 시작하고 있다. 물론 셋째 날과 여섯째 날에는 "하나님이 이르시되"(창 1:14, 22, 26, 29)라는 말씀이 추가적으로 더 기록되어 있다.

- 둘째, 창조의 완성(내력)은 모두 "저녁이 되고 아침이 되니 이는 0째 날이니라"(창 1:5, 8, 13, 19, 23, 31)라는 말씀으로 끝을 맺고 있다.

- 셋째, 창조의 평가는 "하나님이 보시기에 좋았더라"(창 1:4, 12, 18, 21, 25)라고 하고, 셋째 날에는 한 번 더 "하나님이 보시기에 좋았더라"(창 1:10)라고 한다. 그런데 둘째 날만 "하나님이 보시기에 좋았더라"라는 말씀을 기록하지 않는다. 그러면서 마지막 여섯째 날에 "하나님이 지으신 그 모든 것을 보시니 보시기에 심히 좋았더라"(창

1:31)라는 말씀이 반복되고 있다.

- 넷째, 창조의 성취는 첫째 날에는 "빛이 있으라 하시니 빛이 있었고"(창 1:3)라고 하고, 나머지는 '그대로 되니라'(창 1:7, 9, 15, 24, 30)라는 말씀이 계속 반복되고 있다. 여기에서도 셋째 날에 한 번 더 '그대로 되어'(창 1:11)라고 한다.

2) 이러한 반복을 통하여 하나님께서 말씀으로 창조하셨고, 말씀하신 대로 모든 것이 그대로 이루어졌으며, 이러한 창조물들이 하나님 보시기에 좋았다는 것을 계속 강조하고 있다.

3) 지금까지 4일간의 창조를 간단히 살펴보면 다음과 같다.

- 첫째 날, 하나님께서 하늘과 땅을 창조하셨는데, 그 땅에서 흑암 가운데 하나님께서 빛을 창조하셨다. 그 후에 빛과 어둠을 나누셨다(창 1:4), 빛을 낮이라고 하시고, 어둠을 밤이라고 부르셨다. 이를 통해 출애굽한 이스라엘 백성들은 흑암에서 구원하신 하나님의 택하신 백성이라는 사실을 강조하고 있다. 애굽과 이방인들과 다르게 구별하여 하나님을 경외해야 할 이스라엘 백성이라는 사실을 강조하고 있다. 나눔 즉 구별이 핵심이다.

- 둘째 날, 그 땅에서 하늘로 전환하면서, 하나님께서 궁창을 창조하셨다. 그 후에 궁창 위의 물과 궁창 아래의 물로 나누셨다. 그 궁창을 하늘이라고 부르셨다. 이를 통해 출애굽한 이스라엘 백성들은 하나의 백성이 둘로 나누어진다는 것이다. 그러면서 땅 아래를 보면서 살아가는 것이 아니라, 하늘을 쳐다보면서 하나님을 의지하면

서 살아야 한다는 사실을 강조하고 있다. 소망이 핵심이다.

- 셋째 날, 하늘에서 다시 땅으로 전환되면서, 궁창 아래의 물 즉 천하의 물이 한 곳으로 모이게 하고, 육지와 바다를 창조하셨다. 그 땅에 각기 종류대로 식물을 창조하셨다. 이를 통해 출애굽한 이스라엘 백성들은 땅을 통해 열매를 맺어야 한다는 사실을 강조하고 있다. 하나님과 불가분의 관계를 맺으면서 열매를 맺어야 한다는 사실을 강조하고 있다. 열매가 핵심이다.

- 넷째 날, 땅에서 다시 하늘로 전환되면서, 하늘의 궁창에 광명체들을 창조하셨다. 두 큰 광명체인 해와 달 그리고 별들을 통해 낮과 밤을 나뉘게 하고, 주관하게 하고, 땅에 비추게 하고 있다. 이를 출애굽한 이스라엘 백성들은 광명체, 발광체, 하나의 반사체로서 세상에 빛을 비추어야 한다는 것이다. 자신이 빛이 아니라, 반사체로서 하나님의 빛을 세상에 비추어야 한다는 사실을 강조하고 있다. 역할이 핵심이다.

4) 이제 다섯째 날 창조와 여섯째 날 창조에 대해서 살펴보고자 한다.

1. 다섯째 날 창조 / 새와 물고기

1) 넷째 날은 하늘의 궁창에 광명체를 창조했다. 이제 다섯째 날은 둘째 날 나뉘게 하신 궁창 아래의 물들에 생물을 번성하게 하라고 한

다. 물이 생명체를 탄생시키는 또 하나의 모태가 되고 있다.

2) 여기서 '생물'(נֶפֶשׁ)이란 매우 포괄적인 의미로, 성경에 보면 식물의 경우에는 단 한 번도 '생물'이라는 단어를 사용한 적이 없다. '생물'이란 식물과 달리 자의로 움직이며 이곳저곳으로 이동하는 생명체를 가리키는 말이다. 식물은 움직이지 못한다. 그러나 생물은 자의로 움직이며 이동하는 것이다. 그래서 1:21에서 '움직이는 모든 생물'이라고 하면서 생물의 특징이 움직임에 있음을 밝히고 있다.

3) 바다의 물고기 종류들을 번성케 하고 있다. 그리고 땅 위에 하늘의 궁창에는 새가 날으라고 한다. 창세기 1:22에서는 '새들도 땅에 번성하라'고 한다. 이렇게 하나님은 셋째 날과 같이 큰 물고기와 물에서 번성하여 움직이는 모든 생물을 그 종류대로, 날개 있는 모든 새를 그 종류대로 창조하셨다. 이것은 창세기 1:12에서 식물을 각기 그 종류대로 창조하신 것과 같은 구조이다.

4) 지금까지 4일 동안 창조에서 단 한 번도 하나님께서 피조물에게 복을 주시는 말씀이 없었다. 그런데 다섯째 날 창조에서 하나님께서 피조물에게 비로소 복을 선포하고 있다. 바다의 물고기와 공중의 새에게 복을 주시고 있다.

- 첫째, 생육하라는 것이다.
- 둘째, 번성하라는 것이다.
- 셋째, 충만하라는 것이다.

5) 하나님께서 다섯째 날 창조에서 물속의 물고기와 하늘의 새를 창

조하셨다. '그 종류대로' 다양하게 창조하셨다. 그들에게 복을 주시고 생육하고 번성하고 충만하라고 한다. 이것은 출애굽한 이스라엘 백성들에게 하나님께서 한갓 미물에 불과한 물고기나 새도 아끼시고 그 생명을 보존시키며, 번성케 하실진대, 하물며 출애굽한 이스라엘 백성들을 어떻게 강력한 애굽과 이방의 손에 멸망하도록, 멸절하도록 그냥 내버려 두겠느냐는 것이다. 하나님께서 자비로움과 긍휼로 철저히 보호해 주시겠다는 것이다. 왜냐하면 출애굽한 이스라엘 백성들은 물속에서 헤엄치는 그 어떠한 물고기보다, 하늘을 나는 그 어떠한 새들보다 더 귀한 존재이기 때문이다.

2. 여섯째 날 창조 / 짐승과 사람

1) 여섯째 날에는 '하나님이 이르시되'라는 말씀이, 네 번이나 기록되고 있다. 다른 날 즉 셋째 날에는 두 번 사용했다(창 1:9, 11). 그리고 다섯째 날에는 두 번 사용했다(창 1:20, 22). 그런데 여섯째 날에는 그 두 배인 네 번이나 사용하고 있다(창 1:24, 26 28, 29). 이것은 출애굽기 16장에 나오는 내용을 연상시키고 있다. 이제 다음 날인 일곱째 날에는 하나님이 안식해야 하기 때문이다.

2) 여섯째 날에 '땅은…내되, …내라'고 말씀하고 있다. 직역을 하면 그 땅에서 나오게 하겠다는 것이다. 땅 자체적으로 어떤 능력이 있어 각종 짐승을 나오게 하는 것이 아니라 외부적인 힘, 즉 하나님

에 의해서, 하나님의 말씀에 의해서 짐승을 내는 도구로만 땅이 사용된다는 의미이다. 지금까지는 한 번 내지 두 번 정도 말씀했으나, 창세기 1:25에서는 세 번이나 계속적으로 강조하고 있다. 이렇게 땅에 짐승을 그 종류대로 창조했다는 것이다.

3) 이제 하나님께서 사람을 창조하셨다. 창세기 1:27에서 "하나님이 이르시되 우리의 형상을 따라 우리의 모양대로 우리가 사람을 만들고"라고 하였다. 즉 하나님께서 자기 형상 곧 하나님의 형상대로 사람을 창조하셨다. 남자와 여자를 창조하셨다. 오로지 사람만이 하나님의 형상과 모양대로 창조되었다.

4) 너무나 소중한 존재로 사람을 창조하셨다. 하나님께서는 사람에게 다른 피조물을 다스릴 권한을 주셨다. 그래서 5일에 창조하신 바다의 물고기와 공중의 새에게 주신 축복은 생육, 번성, 충만이었다(창 1:22). 그러나 6일에 창조하신 사람에게는 이러한 축복에 머물지 않고 한 걸음 더 나가서 땅을 정복하고 모든 생물을 다스리는 것까지를 포함하고 있다.

5) 하나님께서 6일간 모든 것을 창조하셨다. 모든 창조의 백미는 사람 창조이다. 창세기 1:29의 '주노니', 창세기 1:30의 '주노라'라는 말씀은 하나님께서 풍성케 하시는 분, 모든 것을 주시는 분이라는 것이다. 그리고 하나님이 보시기에 심히 좋았다고 하신다.

6) 출애굽한 이스라엘 백성들은 애굽과 주변 다른 이방인들과 비교해 볼 때, 너무나 초라하기 그지 없다. 그들은 땅도 집도 다 가지고

있는데, 출애굽한 이스라엘 백성들은 약속만 있지, 아무것도 없다. 너무나 보잘 것 없고, 비참하다. 하지만 하나님은 출애굽한 이스라엘 백성들에게 '아니야, 너희는 하나님의 백성으로 하나님의 형상대로 지음을 받은 내 백성이야, 너무나 고귀하고, 소중한 존재야'라고 하시는 것이다. 세상 모든 것을 창조하시고, 지으신 하나님이 '너희는 세상 모든 것들을 다 가진 존재야, 너희를 충분히 풍성하게 하고, 너희를 복되게 할 수 있는 충분한 능력을 가진 엘로힘 하나님이 너희 아버지야.'라고 하시는 것이다. '너희들은 반드시 복 받을 존재들이야, 지금은 비록 보잘 것 없고, 비참해 보이지만, 풍성함을 누리게 될 거야, 모든 것이 다 심히 좋게 잘 될 거야.' 희망과 용기를 가져야 한다는 것이다.

> **결론** 창세기 1:1-2에서 하나님께서 하늘과 땅을 창조하셨다. 창세기 2:1-3에서 천지와 만물이 다 이루어졌다. 하나님이 그 창조하시며 만드시던 모든 일을 마치셨다고 하셨다.

1) 이렇게 6일 동안의 창조에 대한 말씀은 모두 '하나님이 이르시되'라는 말씀의 선포와 함께 시작되고 있다(창 1:3, 6, 9, 14, 20, 24). 그리고 하나님께서 말씀하신 것은 말씀하신 대로 '그대로 되었다'(창 1:3, 7, 9, 15, 24)라고 한다. 그러면서 '하나님이 보시기에 좋았더라'(창 1:4, 12, 18, 21, 25)라고 하시면서 '저녁이 되고 아침이 되니 이는 0째 날이니라'(창 1:5, 8, 13, 19, 23, 31)라고 한다. 이러

한 계속적인 반복의 말씀을 통해 창세기 1장의 창조가 '말씀에 의한 창조'라는 것을 강조하고 있다. 이것을 구조적으로 보면 다음과 같다.

- A 창 1:1-2 창조의 시작
-   B 창 1:3-31 창조의 내용
- A' 창 2:1-3 창조의 완성

2) 중심부인 창세기 1:3-31은 하나님께서 6일 동안 창조하신 내용에 대해서 말씀하고 있다. 이렇게 하나님께서 6일 동안 창조하신 내용(창 1:3-31)을 자세히 보면 아주 전형적인 6개의 큰 단위로 하나의 구조적인 틀을 이루고 있다(창 1:3-5, 6-8, 9-13, 14-19, 20-23, 24-31). 이것을 다시 크게 둘로 나눌 수 있다. 첫째 날과 둘째 날과 셋째 날은 '혼돈에서 질서'의 모습으로 창조하신 것을 말씀하시면서, 계속해서 '나누사' 혹은 '나뉘라', '부르시고'를 말씀하고 있다(창 1:4, 6, 7, 9, 10). 그런데 반해 넷째 날과 다섯째 날과 여섯째 날은 '공허에서 충만'의 모습으로 창조하신 것을 말씀하시면서, 계속해서 '만드사' 혹은 '만들고', '하시니'를 말씀하고 있다(창 1:16, 26, 1:17, 18, 20, 21, 24, 27). 지금까지 나누었던 각 영역을 창조물로 하나 하나 채워가는 것을 말씀하고 있다. 이렇게 혼돈에서 질서를 만드시고, 공허 가운데서 충만케 하신 것을 보시고 하나님께서 좋았다고 하신다(창 1:4, 10, 12, 18, 21, 25, 31). 이것을 도표로 보면 다음과 같다.

혼돈에서 나눔의 창조		공허에서 채움의 창조	
1일 빛	빛과 어둠을 나눔	4일 광명체	빛을 채움(해, 달, 별)
2일 궁창	궁창 위의 물과 아래의 물로 나눔	5일 새와 물고기	궁창과 바다를 채움 (새, 물고기)
3일 땅과 바다, 식물	땅과 바다를 나눔 풀, 채소, 나무를 창조	6일 짐승과 사람	땅을 채움(동물, 사람)
7일 / 안식일			

3) 다섯째 날과 여섯째 날은 물론 조금씩 차이점이 있다. 그러나 다른 날과 다르게 비슷한 공통점이 있다. 먼저 지금까지와 동일하게 창조의 방법으로 '하나님이 이르시되', 창조의 내력으로 '저녁이 되고 아침이 되니 이는 0째 날이라'는 말씀이 계속 반복되고 있다. 창조의 평가로 '하나님이 보시기에 좋았더라'와 창조의 성취로 '그대로 되니라'는 말씀도 계속 반복되고 있다. 하지만 다섯째 날에 바다의 물고기와 하늘의 궁창에 새를 창조하시면서 '그 종류대로' 창조하셨다는 것이다. 그러면서 하나님께서 그들에게 복을 주셨다.

4) 물론 다섯째 날에는 '그 종류대로'를 물고기와 새, 그리고 여섯째 날에는 짐승에게는 그대로 사용하였지만, 사람에게는 '그 종류대로'라는 말씀을 전혀 사용하지 않는 차이점이 있다. 또한 다섯째 날에는 생육, 번성, 충만 이 세 가지를 말씀했는데, 사람에게는 생육, 번성, 충만, 정복, 다스림의 다섯 가지를 말씀하고 있는 차이점이 있다. 그럼에도 불구하고 다섯째 날과 여섯째 날에는 모두 동일

하게 '하나님이 그들에게 복을 주시며'라는 말씀이 기록되어 있다 (창 1:22, 28). 이 말씀은 지금까지 첫째 날에서부터 넷째 날까지 전혀 사용하지 않던 말씀이다. 오로지 다섯째 날과 여섯째 날에만 기록하고 있다.

5) 또 하나님께서 지금까지 그 어느 창조 시에도 전혀 하지 않으시고 오로지 사람을 창조하실 때만 특별히 사용하셨다. 하나님께서 사람 창조만이 '우리의 형상을 따라, 우리의 모양대로 우리가 사람을 만들고'라고 하시면서, 하나님이 자기 형상 곧 하나님의 형상대로 사람을 창조하셨다는 사실을 말씀하고 있다. 그렇다면 이 말씀의 의미는 무엇인가?

- 첫째, 사람은 왕처럼 존귀한 존재라는 사실이다.
- 둘째, 사람은 하나님과 사귐을 가질 수 있는 유일한 존재라는 사실이다.
- 셋째, 사람은 하나님의 대리자임을 말씀하고 있다는 사실이다.

6) 출애굽한 이스라엘 백성은 하나님의 백성이라는 사실을 깨닫고 제사장 나라를 세워야 한다. 이와 같이 우리 역시 왕 같은 제사장으로 이 땅에서 우리에게 주어진 사명을 감당하면서 하나님의 영광을 위해서 살아가야 한다.

천지와 만물이 다 이루어지니라
Thus the heavens and the earth were finished, and all the host of them.
창세기 2:1

05

일곱째 날 / 창조의 완성

05 일곱째 날 / 창조의 완성

성경 : 창세기 2 : 1 - 3

> **서론** 창세기 1:1-2:3은 하나의 큰 단락이다. 창세기 1:1-2에
> 서 태초에 하나님이 하늘과 땅을 창조하셨다고 하시면서
> 위대한 창조의 선언을 알렸다. 이제 2:1-3에서 하나님이
> 그 창조하시며 만드시던 모든 일을 마치셨다고 하시면서
> 놀라운 창조의 완성으로 끝을 맺고 있다. 따라서 2:1-3은
> 하나님의 천지 창조의 사역과 창세기 1장에 기록된 천지
> 창조 기사의 결론에 해당되는 것이다.

1) 지금까지 하나님은 엿새 동안에 천지 만물을 창조하실 때마다 계
   속해서 창조의 시작을 말씀했다.

   그것은 바로 '하나님이 이르시되'(창 1:3, 6, 9, 11, 20, 24)라는 말씀이
   다. 물론 셋째 날에는 두 번(창 1:9, 11), 또 다섯째 날에도 두 번(창 1:20,
   22) 그리고 여섯째 날에는 네 번이나 기록되었다(창 1:24, 26, 28, 29).

2) 지금까지와 다르게 일곱째 날에는 '하나님이 이르시되'라는 말씀
   이 전혀 기록되어 있지 않다.

   그러면서 창세기 2:1에서 '천지와 만물이 다 이루어지니라'라고 말
   씀하고 있다. 그 이유는 이제 하나님의 모든 창조 사역이 끝났기 때

문이다. 이로써 창조가 완성이 되었기 때문이다.

3) 하나님은 지금까지 엿새 동안에 천지 만물을 창조하시고 나서 창
조의 완성을 말씀했다.

창조의 내력으로 끝을 맺는 말씀을 하셨다. 그것은 바로 '저녁이 되
고 아침이 되니 이는 0째 날이니라'(창 1:5, 8, 13, 19, 23, 31)라는 말
씀이다. 하나님께서 천지 만물을 창조하신 엿새 동안에 각 날에 대
한 말씀을 각기 한 번씩 꼭 말씀하셨다.

4) 지금까지와 다르게 일곱째 날에는 앞에 '저녁이 되고 아침이 되
니'라는 말씀이 없다.

그러면서 창세기 2:1-3에서 '일곱째 날'이라는 말씀이 세 번이나 기
록되고 있다. 창세기 2:3의 '그 날'까지 합치면 무려 네 번이나 그 날
에 대해서 기록하고 있다. 그것은 일곱째 날을 다른 여섯째 날과는
달리 특별하게 강조하고 있는 것이다.

1. 일곱째 날은 마침과 안식이다.

1) 창세기 2:1-2에서 '다 이루어지니라', '마치시니', '그치고', 그리고
창세기 2:3에 가서 다시 '마치시고'라고 한다. 한마디로 하나님의
창조 사역이 종결되었다는 사실을 계속 반복하면서 강조하고 있

다.

2) 천지와 만물이 완성되었기 때문에 이제 더 이상 창조되어야 할 것이 전혀 없다(창 1:31). 그리고 창세기 2:2에서 모든 일을 그치고 일곱째 날에 안식하셨다고 한다. 이어서 창세기 2:3에서는 그 날에 안식하셨다고 한다. 일곱째 날에 하나님이 안식하셨다는 사실을 두 번이나 반복해서 강조하고 있다.

3) 안식의 주체는 여섯째 날 하나님의 형상, 하나님의 모양대로 창조된 사람이 아니라, 하나님 자신이다. 그렇다면 하나님이 안식하셨다는 의미가 무엇인가? 안식의 이유가 무엇인가? 안식의 의미는 크게 두 가지이다.

 - 첫째, 소극적인 면이다. 더 이상 창조의 일을 '하지 않는 것'이다. '쉬는 것'이다. 창세기 2:2에서 모든 일을 그치고 안식하셨다. 창세기 2:3에서 모든 일을 마치시고 안식하셨다(출 20:10).
 - 둘째, 적극적인 면이다. 성취감을 누리는 것이다. 완성된 천지와 만물을 바라보시면서 심히 기뻐하시는 것이다. 쉬어 평안을 누리는 것이다(출 31:17).

4) 하나님의 안식은 일곱째 날에만 있었던 것이 아니라, 그 후로도 안식이 계속되었다. 아직 그곳에는 죄와 저주와 사망이 없기 때문이다. 지금까지 여섯 날과 다르게 일곱째 날에는 '저녁이 되고 아침이 되니 이는 일곱째 날이니라'는 말씀이 없다. 이것은 하나님의 안식이 그 이후로 지속되었기 때문이다.

5) 첫째 날인 일요일(주일)에 빛을 창조하시고, 일곱째 날 토요일에 안식하셨다. 십계명 중의 제4계명에서 안식일을 지키라고 했다. 그런데 왜 토요일을 안식일로 지키지 않고, 주일을 지키고 있는가? 안식일을 지키라는 계명은 먼저 출애굽기 20:8-11에 기록되어 있다. 하나님께서 창조를 완성하시고 쉬신 것을 기억하며 안식일을 지켜야 했다. 그 다음에는 신명기 5:12-15에 기록되어 있다. 창조 사건에서 출애굽 사건으로 재해석이 되고 있다. 따라서 창세로부터 예수 그리스도의 부활까지는 하나님께서 주신 일곱째 날을 매 주간의 안식일로 지정하셨다. 그래서 매주 토요일 안식일에 창조와 구속의 은혜를 기억하면서 안식일을 지켜야 한다. 그러나 옛 창조가 지나가고 이제 새창조가 시작되어진 날인 예수 그리스도께서 부활하신 날, 우리의 구원을 완성(성취)하신 날을 지켜야 한다. 예수 그리스도께서 부활하신 후로부터 세상 끝 날에 이르기까지 주간의 첫째 날, 그날이 하나님의 백성의 안식일이다(행 20:7, 고전 16:2, 계 1:10).

2. 일곱째 날은 축복과 거룩이다.

1) 하나님은 일곱째 날을 복되게 하셨다. 이것은 하나님께서 이미 다섯째 날에 바다의 물고기와 하늘의 새를 창조하시고 복을 주셨다(창 1:22). 또 하나님께서 여섯째 날에 짐승과 사람을 창조하시고 그들에게 복을 주셨다(창 1:28).

2) 하나님은 분명히 천지 창조를 시작하신 첫째 날을 복되게 하지 않으셨다. 또한 하나님은 사람을 만드신 여섯째 날을 복되게 하지 않으셨다. 하나님은 유독 일곱째 날만을 복되게 하셨다. 그러기에 일곱째 날은 다른 날들과 달리 특별한 날이다. 복되게 하신 날이다.

3) 하나님이 일곱째 날을 복되게 하셨다는 의미는 무엇인가? 창세기 2:3에서 일곱째 날을 '복되게 하사 거룩하게 하셨으니'라고 한다. 성경에서 '거룩'이라는 단어가 최초로 사용되고 있다. 다른 날과 구별해서 그 날을 특별한 날로 삼으셨다는 것이다. 이것은 단순히 이 날 하루만이 복된 날이며, 거룩한 날이라는 의미가 아니다.

4) 창세기 2:2과 창세기 2:3 모두 일곱째 날에 정관사가 있다. 그 일곱째 날에 마치셨다. 하나님의 창조사역이 일곱째 날에야 비로소 완성되었다. 따라서 창조가 실제로 이루어진 6일과 안식과 복과 거룩이 이루어진 일곱째 날을 같이 말씀하고 있다. 일곱째 날도 다른 날과 본질적인 차이가 없다. 다른 날도 일곱째 날과 마찬가지로 거룩하게 하나님께 바쳐야 한다.

5) 첫째 날부터 일곱째 날까지 모두 하나님의 날이다. 하나님의 것이다. 하나님 중심으로 살아야 한다. 하나님께 영광을 돌리면서 살아야 한다. 특별히 일곱째 날을 복되게 하시고, 거룩하게 하셨다.

6) 안식일 즉 주일을 어떻게 거룩하게 할 수 있는가? 먼저 기억하는 것이다(출 20:8, 신 5:11). 창조와 구원이라는 두 가지 큰 은혜를 기억해야 한다는 것이다. 그 다음은 닮으라는 것이다. 하나님을 닮으

라는 것이다(출 31:17). 철저히 하나님을 본받으라는 것이다.

> **결론** 창세기 1:1-2:3은 하나의 큰 단락이다. 1:1-2에서 창조
> 의 선언으로 시작하여, 2:1-3에서 창조의 완성으로 끝을
> 맺고 있다. 그리고 창세기 1:3-31이 중심부로 6일간의
> 창조의 내용을 말씀하고 있다.
> A 창 1:1-2 창조의 시작
>   B 창 1:3-31 창조의 내용
> A' 창 2:1-3 창조의 완성

1) 창세기 1:3-31의 중심부는 6일간의 창조를 하나의 틀로서 6개의
   큰 단위를 형성하면서 말씀하고 있다.
   - 첫째, '하나님이 이르시되'라는 창조의 말씀으로 시작하고 있다.
   - 둘째, '저녁이 되고 아침이 되니 이는 0째 날이니라'라는 창조의
     내력으로 끝을 맺고 있다.
   - 셋째, '하나님이 보시기에 좋았더라'라는 창조의 평가를 말씀하고
     있다.
   - 넷째, '그대로 되니라'라는 창조의 성취를 말씀하고 있다.

2) 이러한 6일간의 창조의 내용을 다시 크게 둘로 나눌 수 있다. 첫째
   날에서 셋째 날은 '혼돈에서 질서'의 모습으로 창조하신 것을 말
   씀하고 있다. '나눔'의 창조 사역을 말씀하고 있다. 또 넷째 날에서
   여섯째 날은 '공허에서 충만'의 모습으로 창조하신 것을 말씀하고
   있다. '채움'의 창조 사역을 말씀하고 있다. 이것을 도표로 보면 다
   음과 같다.

혼돈에서 나눔의 창조		공허에서 채움의 창조	
1일 빛	빛과 어둠을 나눔	4일 광명체	빛을 채움(해, 달, 별)
2일 궁창	궁창 위의 물과 아래의 물로 나눔	5일 새와 물고기	궁창과 바다를 채움 (새, 물고기)
3일 땅과 바다, 식물	땅과 바다를 나눔 풀, 채소, 나무를 창조	6일 짐승과 사람	땅을 채움(동물, 사람)
7일 / 안식일			

3) 하나님께서 첫째 날, 하늘과 땅을 창조하셨는데, 그 땅에서 흑암 가운데 빛을 창조하셨다. 그 후에 빛과 어둠을 나누셨다(창 1:4), 빛을 낮이라고 하시고, 어둠을 밤이라고 부르셨다. 출애굽한 이스라엘 백성들은 구별이 핵심이다.

4) 하나님께서 둘째 날, 그 땅에서 하늘로 전환되면서, 궁창을 창조하셨다. 그 후에 궁창 위의 물과 궁창 아래의 물로 나누셨다. 그 궁창을 하늘이라고 부르셨다. 출애굽한 이스라엘 백성들은 소망이 핵심이다.

5) 하나님께서 셋째 날, 하늘에서 다시 땅으로 전환되면서, 궁창 아래의 물 즉 천하의 물이 한 곳으로 모이게 하고, 육지와 바다를 창조하셨다. 그 땅에 각기 종류대로 식물을 창조하셨다. 출애굽한 이스라엘 백성들은 열매가 핵심이다.

6) 하나님께서 넷째 날, 땅에서 다시 하늘로 전환되면서, 하늘의 궁창에 광명체들을 창조하셨다. 두 큰 광명체인 해와 달 그리고 별들을

통해 낮과 밤을 나뉘게 하고, 주관하게 하고, 땅에 비추게 하고 있다. 출애굽한 이스라엘 백성들은 역할이 핵심이다.

7) 하나님께서 다섯째 날, 하늘에서 다시 땅의 물로 전환되면서, 물들은 생물을 번성하게 하라고 하셨다. 그리고 바다의 물고기와 하늘의 새를 만드셨다. 그러면서 하나님은 그들에게 복을 주시면서 생육하고, 번성하여, 땅에 충만하라고 하셨다. 출애굽한 이스라엘 백성들은 보호가 핵심이다.

8) 하나님께서 여섯째 날, 땅의 물 즉 바다에서 육지로 전환되면서, 생물 즉 짐승을 그 종류대로 창조하셨다. 뿐만 아니라, 하나님의 형상대로 사람을 남자와 여자로 창조하셨다. 그리고 하나님이 복을 주시면서, '생육하고, 번성하여, 땅에 충만하라, 땅을 정복하라, 모든 생물을 다스리라.'라고 하셨다. 출애굽한 이스라엘 백성들은 사명이 핵심이다.

9) 하나님께서 일곱째 날, 천지와 만물의 창조를 완성했다. 하나님이 하시던 일을 일곱째 날에 마치셨다. 그리고 하나님께서 일곱 째 날에 모든 일을 마치고, 안식하셨다. 뿐만 아니라, 하나님께서 그 일곱째 날을 복되게 하시며 거룩하게 하셨다.

10) 따라서 출애굽한 이스라엘 백성들은 첫 창조의 완성으로 안식일을 지켜야 했다. 하나님이 창조하신 날을 기념하면서 안식일을 지켜야 했다. 또한 출애굽에서 구원해 주신 그 은혜를 기념하면서 안식일을 지켜야 했다.

11) 하나님께서 이 날에 복을 주시고, 거룩하게 했다. 그러므로 출애굽한 이스라엘 백성들은 안식일을 기억하여 거룩하게 지켜야 했다. 뿐만 아니라, 출애굽한 이스라엘 백성들은 철저히 하나님을 본받아 닮아가도록 안식일을 지켜야 했다. 애굽과 주변 이방인들의 모습을 본 받아 살아가는 것이 아니라, 철저히 하나님을 본 받으면서 안식일을 지켜야 했다. 닮음이 핵심이다.

이것이 천지가 창조될 때에 하늘과 땅의 내력이니
여호와 하나님이 땅과 하늘을 만드시던 날에
These are the generations of the heavens and of the earth when they were
created, in the day that the Lord God made the earth and the heavens,
창세기 2:4

06

하늘과 땅의 내력

06 하늘과 땅의 내력

성경 : 창세기 2 : 4 - 7

> **서론** 창세기는 열 개의 '톨레도트'(תּוֹלְדוֹת)로 이루어져 있다(창
> 2:4, 5:1, 6:9, 10:1, 11:10, 11:27, 25:12, 25:19, 36:1/15,
> 37:2). 그 중심에 창 11:27이 있다.

1) 창세기는 아브라함이 중심이 되어, 크게 두 부분으로 나눌 수 있다. 아브라함 이전의 앞 부분과 아브라함 이후의 뒷 부분로 나눌 수 있다.

 - 창세기 1:1-11:26의 아브라함 이전을 '태고사'라고 한다. 원시 시대이다.
 - 창세기 11:27-50:26의 아브라함 이후를 '족장사'라고 한다. 족장 시대이다.

2) 태고사 즉 원역사(창 1:1-11:26) 가운데 창세기 1:1-2:3은 창조의 대선언으로 창세기의 서론부이며, 성경 전체의 서문에 해당한다고 할 수 있다. 이러한 서론부(창 1:1-2:3)를 제외하고 나면, 창세기 2:4-11:26(32)를 다시 크게 두 부분으로 나눌 수 있다.

3) 노아의 홍수를 중심으로 창세기 2:4-6:8의 노아의 홍수 이전 상황과 창세기 6:9-11:26(32)의 노아의 홍수 이후 상황으로 나눌 수 있다.

   - 첫째, 노아의 홍수 이전(창 2:4-6:8)은 아담과 그 후손들에 대해서 말씀하고 있다.
   - 둘째, 노아의 홍수 이후(창 6:9-11:26)는 노아와 그 후손들에 대해서 말씀하고 있다.

4) 그런데 이 두 부분은 모두 다섯 개의 '톨레도트'(תוֹלְדוֹת)로 이루어져 있다(창 2:4, 5:1, 6:9, 10:1, 11:10).

   - 첫 번째는 창세기 2:4-4:26의 하늘과 땅의 '톨레도트'(תוֹלְדוֹת)이다.
   - 두 번째는 창세기 5:1-6:8의 아담의 '톨레도트'(תוֹלְדוֹת)이다.
   - 세 번째는 창세기 6:9-9:29의 노아의 '톨레도트'(תוֹלְדוֹת)이다.
   - 네 번째는 창세기 10:1-11:9의 노아의 아들들의 '톨레도트'(תוֹלְדוֹת)이다.
   - 다섯 번째는 창세기 11:10-26의 셈의 '톨레도트'(תוֹלְדוֹת)이다.

5) 그리고 창세기 11:27에서 데라의 '톨레도트'(תוֹלְדוֹת)로 이어지고 있다.

   노아의 홍수 이전 상황(창 6:1-8)과 아브라함 이전 상황(창 11:27-32)은 각각 아담의 '톨레도트'(תוֹלְדוֹת)와 셈의 '톨레도트'(תוֹלְדוֹת)를 중심으로 서로 이중적 구조로 이루어져 있다. 서로 유사한 주제들을 기록하고 있다.

2:4-6:8 아담과 그 후손들	6:9-11:32 노아와 그 후손들
A 2:4-3:24 에덴동산의 아담의 사명과 타락과 심판	A 6:9-9:17 죄악이 관영한 세상에서 노아의 사명과 홍수
B 4:1-16 아담의 아들들 : 가인의 범죄	B 9:18-29 노아의 아들들 : 함의 범죄
C 4:17-26 가인의 후손의 문화와 라멕의 악함	C 10:1-11:9 노아의 후손의 문화와 인간의 반항
D 5:1-32 아담의 계보	D 11:10-26 셈의 계보
E 6:1-8 홍수 이전의 상황	E 11:27-32 아브라함 이전의 상황

6) 창세기 2:4에서 "이것이 천지가 창조될 때에 하늘과 땅의 내력이 니…"라고 하면서 '내력' 즉 첫 번째 '톨레도트'(תּוֹלְדוֹת)가 나타나고 있다.

그리고 창세기 5:1에서 '이것은 아담의 계보를 적은 책이니라…'이라고 하면서 '계보' 즉 두 번째 '톨레도트'(תּוֹלְדוֹת)가 나타나고 있다. 그러므로 창세기 2:4-4:26까지가 또 하나의 큰 단락이 되는 것이다.

7) 창세기 1:1-2:3과 2:4-25은 서로 동일한 창조의 주제를 말씀하고 있다.

그러나 서로 다른 관점에서 기록되어 구별되고 있다. 그래서 창세기 1:1-2:3을 첫 번째 창조 기록이라고 하며, 창세기 2:4-2:25을 두번째 창조 기록이라고 할 수 있다.

1. 사람 창조 이전의 상태이다.

1) 창세기 2:4은 하늘과 땅 즉 천지의 내력, 톨레도트이다. 창세기 1장에서 '하나님'(אֱלֹהִים) 즉 '엘로힘'과 대조적으로 창세기 2:4에서는 '여호와 하나님'(יְהוָה אֱלֹהִים)이라고 말씀하고 있다. 여기서 인격적이고 언약적인 하나님의 성품을 강조하여 '여호와'란 이름을 말씀하고 있다. 창세기 2:5에서도 '여호와 하나님'이고, 창세기 2:7에서도 '여호와 하나님'을 강조하고 있다. 무엇보다도 하나님과의 언약적 관계로서 말씀하고 있다.

2) 그러면서 '하늘과 땅'(הַשָּׁמַיִם וְהָאָרֶץ)에서 '땅과 하늘'(אֶרֶץ וְשָׁמָיִם)로 전환되고 있다. '천지 창조'에서 '지천 창조'로 바뀌고 있다. 또한 무에서 유를 창조하는 '바라'(בָּרָא)에서 유에서 만드시는 '아사'(עָשָׂה)로 바뀌고 있다. 창조에서 만드심으로 전환되고 있다. 그것도 천지가 창조될 때 하늘과 땅의 내력이라고 하면서, 천지 창조에 대한 말씀이 자세하게 기록되어야 하는데, 단지 한 마디로 '땅과 하늘을 만드시던 날에'라고 한다. 이것을 구조적으로 보면 다음과 같다.

- A 하늘과 땅
- B 그것들이 창조될('바라') 때
- B' 여호와 하나님이 만드시던('아사') 날에
- A' 땅과 하늘

3) 창세기 2:5-6에서 사람 창조 이전에 '여호와 하나님이 땅에'라고 하면서 '땅'을 강조하고 있다. 사람이 창조되기 전 땅의 상황은 최

고였다. 완벽한 환경이었다. 하나님께서 보시기 좋았다고 한다. 2:1에서는 '천지와 만물이 다 이루어지니라'라고 했다.

4) 그러면서 땅의 완벽한 상황과 환경에 대해서 세 가지로 말씀하고 있다.

- 첫째, 들에는 초목이 아직 없었다고 한다(창 3:18). 죄로 말미암아 생겨난 가시덤불과 엉겅퀴와 같은 잡초들은 아직 없었다는 말씀이다.

- 둘째, 밭에는 채소가 나지 않았다고 한다(창 3:18-19). 밭의 채소는 사람이 타락한 후에 땅을 갈아 수확해야 했던 여러 가지 곡물들과 채소들을 가리킨다. 그러나 사람이 타락하기 전에는 밭에는 채소가 나지 않았다. 주변에 있는 식물들과 양식들이 넘쳐났기 때문이다.

- 셋째, 안개만 땅에서 올라와 온 지면을 적셨다고 한다. 땅에서 올라온 물기이다. 땅 여기 저기 샘물이 솟아 올랐다. 그것들이 모여서 작은 시내들을 이루고, 시내들이 모여서 강을 이루었다(창 2:10).

5) 사람이 살아가기에는 더할 나위 없이 쾌적한 환경이었다. 말 그대로 파라다이스 즉 지상 낙원이었다. 이렇게 하나님은 사람이 살아가기에 필요한 모든 환경을 먼저 완벽하게 준비하시고, 만들어 놓으셨다. 그런 다음에 사람을 창조하셨다. 이러한 하나님은 '여호와 하나님'이시다. 언약의 하나님이시다. 약속을 지키시는 신실하신 하나님이시다.

2. 사람 즉 남자의 창조이다.

1) 창세기 1:26-28에서 하나님은 사람을 하나님의 형상대로 창조하셨다. 그러나 이제 2:7에서는 '땅과 하늘'을 만드시던 그 여호와 하나님이 사람을 창조하셨다. 크게 세 단계를 통해 창조하셨다.

- 첫째, 하나님은 흙으로 사람을 지으셨다.
- 둘째, 하나님은 생기를 사람의 코에 불어넣으셨다.
- 셋째, 하나님은 사람을 생령이 되게 하셨다.

2) 하나님은 사람을 빛나는 보석으로 만들지 않으셨다. 단단한 바위나 강철로 만들지 않으셨다. 사람을 하찮은 흙으로 지으셨다. 각종 들짐승과 공중의 새들도 흙으로 지으셨다(창 2:19). 특별히 죄를 짓고 타락한 사람에게 너는 흙이니 흙으로 돌아갈 것이라고 하셨다(창 3:19). 흙으로 돌아갈 때까지 얼굴에 땀을 흘려야 먹을 수 있다. 사람은 하나님 앞에서 티끌 같고 먼지와 같은 존재이다.

3) 하나님은 사람이나 각종 들짐승이나 공중의 새들을 다 흙으로 지으셨다. 하지만 사람은 들짐승과 새들과 다른 점이 있다. 1장에서 사람은 하나님의 형상으로 지음을 받았다. 또한 생기를 그 코에 불어 넣으셨다. 다른 짐승들에게는 그렇게 하신 적이 없다. 하나님이 직접 생기를 그 코에 불어 넣어 주셨다. 따라서 사람은 하나님의 영을 불어 넣음 받은 소중한 보배이다.

4) 하나님이 사람을 흙으로 만드시고, 그 코에 생기를 불어 넣으시므

로, 사람은 비로소 생령이 되었다. 사람은 살아 있는 존재가 되었다. 하나님은 사람을 동물들과 다른 존재로 만드셨다. 생령이 되게 해 주셨다(사 64:8). 철저히 하나님을 의지하면서 살아가야 할 존재로 만드셨다. 따라서 사람은 하나님의 뜻에 순종하면서 살아야 한다.

결론 창세기 2:4-4:26은 또 하나의 단락이다. 2:4을 시작하면서 하늘과 땅의 '내력' 즉 '톨레도트'로 시작하고 있다. 그러면서 5:1에서 '이것은 아담의 계보를 적은 책이니라'라고 하면서 아담의 '계보' 즉 톨레도트가 시작되는 5:1 앞에서 마무리 되고 있다. 창세기 2:4-4:46은 첫 번째 '톨레도트'와 두 번째 '톨레도트' 사이에 있다. 또한 앞의 창세기 1:1-2:3의 천지 창조와 구분이 되고 뒤의 창세기 5:1-6:8의 아담부터 노아까지의 10대 족보와 그 이후 말씀과도 구분된다.

---

1) 첫 번째 창조 기록(창 1:1-2:3)과 두 번째 창조 기록(창 2:4-25)은 서로 밀접하게 연결되어 있다. 하지만 몇 가지 차이점도 있다.

2) 창세기 1장 창조 기록과 창세기 2장 창조 기록의 차이점은 우선 두 가지가 있다. 하나는, 동일한 창조에 대한 말씀이면서, 창세기 1:1-2:3은 하늘을 강조하는 우주적인 천지창조에 대해서 말씀하고 있는데 반해, 창세기 2:4-25은 땅을 강조하면서 지천창조에 대해서 말씀하고 있다. 또 다른 하나는, 동일한 사람의 창조에 대한 말씀이면서, 창세기 1:1-2:3은 하나님의 형상대로 사람을 창조했

는데, 남자와 여자를 창조했다고 한다. 그런데 창세기 2:4-25에서는 사람 즉 남자의 창조를 구체적으로 말씀하고 있다.

3) 창세기 1:1-2:3과 2:4-7이 모두 '창조'에 대한 말씀이면서, 1장에서는 '하늘의 관점'에서 우주의 출발, 세상의 기원을 말씀하고 있다면, 2장에서는 '땅의 관점'에서 사람이 중심으로 등장하는 역사를 말씀하고 있다. 1장에서 창조 세상의 구조와 원리적인 측면을 드러냈다면, 2장에서는 그러한 창조 세상의 구체적인 실상이 에덴 동산을 무대로 펼쳐지는 남자와 여자, 아담과 하와를 통해서 말씀하고 있다. 그러므로 이 두 가지의 창조기록은 각기 다른 창조를 기록함으로 서로 대립하거나 모순적인 관계에 있는 것이 아니라, 서로 다른 관점에서 기록함으로 하나님의 창조를 더 완전하고 깊이 있게 보여주는 상호보완적인 관계에 있는 것이다.

4) 그리고 창세기 1:1-2:3과 2:4-7에서는 모두 '사람'이 하나님의 창조에 중심으로 나타난다. 모든 것이 사람을 위한 창조로 기록되어 있다. 첫째 날부터 여섯째 날까지 모든 것은 여섯째 날 창조된 사람을 위해서 땅을 정복하고, 모든 생물을 다스리기 위해서이다. 들에는 초목이 없었다. 밭에는 채소가 나지 않았다. 안개만 땅에서 올라와 온 지면을 적시는 정말 젖과 꿀이 흐르는 땅이었다. 이렇게 하나님께서 땅이 비를 필요로 하지 않고, 땅을 갈 사람도 필요치 않는 너무나 아름답고, 모든 것이 풍성하게 창조하셨다. 뿐만 아니라, 하나님은 사람을 하나님의 형상으로 창조하셨을 뿐만 아니라, 이제 사람에게 '코에 생기를 불어 넣음으로 생령이 되게' 했다. 피

조물 가운데서 비교할 수 없는 특별한 의미를 지닌 존재로 창조되었지만, 동시에 매우 유한적이고, 의존적인 존재임을 말씀하고 있다. 따라서 사람은 땅과 하나님께 의존하면서 살 수밖에 없는 존재라는 사실이다.

5) 또한 1장의 창조 기록에서 '하나님'이 2장의 창조 기록에서는 '여호와 하나님'으로 전환되고 있다. 전능하신 하나님은 약속을 시행하시는 신실하신 하나님이심을 강조하고 있다. 모든 세상을 먼저 창조하시고, 그 이후에 사람을 창조하심으로써 사람으로 하여금 하나님의 안식을 누리게 하고 있다. 일곱째 날의 복을 누리게 하고 있다. 하나님이 창조하신 것을 지음 받은 사람으로 하여금 마음껏 누리게 하고 있다. 그것은 하나님을 철저히 의지할 때, 하나님과의 밀접한 교제를 나눌때만 가능한 것이다. 그래서 사람을 흙으로 만드시고, 생기를그 코에 불어 넣으시고, 생령이 되게 하셨다. 따라서 새 창조주로 오신 예수님께서 부활하시고, 제자들에게 찾아오셔서 그들을 향하여 숨을 내쉬며, 이르시되 성령을 받으라고 하셨다(요 20:22).

여호와 하나님이 동방의 에덴에 동산을 창설하시고
그 지으신 사람을 거기 두시니라
And the Lord God planted a garden eastward in Eden; and there he put the
man whom he had formed.
창세기 2:8

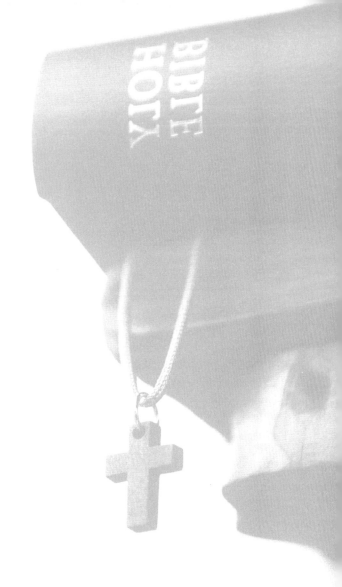

07

에덴동산 창설

07 에덴동산 창설

성경 : 창세기 2 : 8 - 17

> **서론** 창세기의 첫째 큰 단락은 1:1-2:3이다. 창세기의 두 번
> 째 큰 단락은 2:4-4:26이다. 따라서 2:4-4:26은 2:4
> 의 '하늘과 땅의 내력' 즉 천지의 '톨레도트'로 시작하고,
> 5:1 '아담의 계보' 즉 아담의 '톨레도트' 시작 이전에 끝
> 을 맺는다. 따라서 2:4-4:26은 하나님의 인간 창조와 역
> 사의 시작을 말씀하고 있다. 특별히 사람의 창조와 사람
> 의 타락과 사람의 심판에 대해서 말씀하고 있다.

1) 창세기 2:4-25는 창조에 대해서 두 번째로 말씀하고 있다.

두 번째라는 것은, 하나님의 창조는 한 번 이루어졌지만, 그 창조를
다른 관점에서 기록하고 있다는 것이다. 첫 번째 창조 기록과 두 번
째 창조 기록의 다른 점, 즉 차이점은 크게 세 가지이다.

- 첫째, 하나님의 이름이 다르다.
- 둘째, 창조의 관점이 다르다.
- 셋째, 사람의 정체성이 다르다.

2) 하나님의 이름은

첫 번째 기록에서는 계속해서 '하나님이 이르시되'(창 1:3, 6, 9 11, 14, 20, 22, 24, 26, 29)라고 하면서 '엘로힘' 하나님을 강조하고 있다. 1:3-2:3에서 '하나님이 이르시되'가 10번 나오고, 이를 포함해서 '하나님'이 모두 35번 나온다. 그러나 두 번째 기록인 2:4-25에서는 '여호와 하나님'(창 2:4, 5, 7, 8, 9, 15, 16, 18, 19, 21, 22)만 11번 나오며, '야웨 엘로힘' 하나님을 강조하고 있다.

3) 창조의 관점은

창조의 관점은 첫 번째 기록에서는 '하늘의 관점'에서 우주의 출발, 세상의 기원을 말씀하고 있다. 하늘을 강조하면서 우주적인 천지창조를 첫째 날부터 일곱째 날까지 하나님의 창조의 행위를 강조하고 있다. 그러나 두 번째 기록에서는 '땅의 관점'에서 사람의 출발, 역사의 시작을 말씀하고 있다. 땅을 강조하면서 하나님이 창조한 땅의 상태, 땅의 모습을 말씀하고 있다. 그것도 사람이 창조되기 이전에 땅의 모습은 너무나도 완벽하게 창조되었음을 말씀하고 있다(창 2:5-6).

4) 사람의 정체성은

사람의 정체성은 첫 번째 기록에서는 하나님이 하나님의 형상대로, 하나님의 모양대로 남자와 여자를 창조했다며, 사람의 소중함과 위대성을 강조하고 있다. 그러나 두 번째 기록에서는 여호와 하나님은 땅의 흙으로 사람을 지으시고, 생기를 그 코에 불어 넣으시고 생령이 되게 하셨다. 짐승과 사람 모두 흙으로(창 2:19) 유한한 존재, 연약한 존재, 의존적 존재로 만드셨다는 것을 강조하고 있다. 그러나 사람은 다른 짐승과 달리 독특하고 특별하게 지으셨다.

5) 창세기 2:8-17은 첫 번째 창조 기록과 두 번째 창조 기록의 또 다른 차이점이 나오고 있다.

두 번째 기록의 창세기 2:8에는 '에덴동산'을 창설하셨음을 말씀하고 있는데, 첫 번째 기록에는 이 말씀이 없다.

1. 에덴동산의 광경이다.

1) 여호와 하나님이 사람을 흙으로 만드시고 그 코에 생기를 불어 넣어 생령이 되게 만드셨다. 그리고 사람이 살아갈 하나의 특별한 동산을 창설하셨다. 그 동산을 가리켜서, '에덴에 위치한 동산'이라고 하여 '에덴동산'이라고 부른다. 에덴은 동쪽에 위치해 있었기에, 창세기 2:8에서 '동방의 에덴'이라고 말씀한다. '에덴'이란 히브리어로 '기쁨, 즐거움, 환희'를 뜻하는 말이다.

2) 시편 36:8에서는 에덴을 다른 말로 복락이라고 한다. 따라서 에덴동산을 복락원이라고 한다. 그리고 '동산'이란 집 뒤의 언덕이나 작은 숲을 뜻한다.

3) 에스겔 28:14, 16에서는 에덴동산을 가리켜서 '하나님의 성산' 또는 '하나님의 산'이라고 부르고 있다. 에덴동산도 나지막한 산이 있는 거룩한 하나님이 임재하시는 성산이다. 하나님이 존재하시고, 거하시는 산이 바로 에덴동산이다.

4) 에덴에서 강이 흘러 나와 동산을 적시고, 거기서부터 갈라져 네 근원이 되었다. 첫째 강 이름은 비손이다. 둘째 강 이름은 기혼이다. 셋째 강 이름은 힛데겔이다. 넷째 강 이름은 유브라데이다. 이러한 네 강은 새 하늘과 새 땅의 생명수 강과 아주 밀접하게 연결되어 있다(계 22:1-2). 에덴동산은 물이 넉넉하여 풍요로운 곳이었다. 또한 각종 보석들이 있는 아름다운 곳이다.

5) 이와 같이 에덴동산은 사람이 원해서, 사람이 요구해서 만들어진 동산이 결코 아니다. 하나님이 사람을 위하여 자의적으로 창설하신 에덴동산이다. 하나님은 사람을 창조하여 에덴동산에 두심으로 사람으로 하여금 에덴동산의 축복을 누리게 하셨다. 순서적으로 사람이 먼저 지음을 받고, 그 후에 에덴동산이 창설되었다. 하나님은 친히 사람을 이끄셔서 에덴동산에 인도하시고, 에덴의 축복을 누리게 하셨다. 하나님은 사람으로 하여금 하나님의 성산, 하나님의 산, 에덴동산에서 하나님과 교제하면서 행복하게 살기를 바라셨던 것이다. 에덴동산은 천상이 아니라, 지상이라는 사실이다. 지상낙원이다.

2. 에덴동산의 생활이다.

1) 하나님이 친히 사람을 이끄셔서 에덴동산에 거하게 하셨다. 그러면서 하나님은 사람에게 에덴동산에서 해야 할 두 가지 사명을 주셨다. 하나는 경작해야 할 사명이고, 다른 하나는 지켜야 할 사명이다(창 2:15).

2) 먼저 경작해야 할 사명이다. 하나님의 지음을 받은 사람은 청지기의 심정으로, 섬기는 자세로 하나님이 만드신 아름다운 에덴동산을 위해서 경작해야 했다. 일해야 했다. 하나님은 사람으로 하여금 경작하는 일을 통해서, 기쁨과 보람을 느낄 수 있도록 경작하는 일을 맡기셨다.

3) 그 다음은 지켜야 할 사명이다. 하나님은 사람에게 에덴동산을 맡기셨다. 사람에게는 에덴동산을 파괴하거나 훼손할 권리가 없다. 사람은 하나님이 청지기로 맡겨 주신 에덴동산을 잘 지켜야만 했다. 하나님이 창설하신 에덴동산의 본래의 아름다움을 그대로 유지하면서 보존하기 위해서 잘 지켜야 했다. 하나님의 뜻에 따라서 잘 지켜야 했다.

4) 에덴동산에는 두 그루의 특이한 나무가 있었다. 하나는 생명나무이고, 다른 하나는 선악을 알게 하는 나무이다(창 2:9). 아마도 에덴동산 어디에서도 잘 보일 수 있도록, 동산에 있는 언덕 위에 나란히 서 있었을 것이다.

5) 하나님은 사람이 에덴동산에서 해야 할 일과 절대로 하지 말아야
할 일을 말씀하고 있다. 그것도 '명령'이라는 단어가 최초로 사용
되고 있다. 에덴에 있는 각종 나무의 열매를 임의대로 마음껏 먹게
하셨다. 하나님의 풍성한 은혜를 마음껏 누리게 하셨다. 하나님이
에덴동산에서 사람에게 금하신 것은 오직 한 가지뿐이었다. 절대
로 먹으면 안 되는 것이 있었다. 그것은 선악을 알게 하는 나무의
열매는 먹지 말라는 것이었다. 여기에다 하나님은 경고의 말씀까
지 덧붙여서, 그것을 먹는 날에는 정녕, 곧 반드시 죽을 것이라고
하셨다. 아주 강한 금지의 명령을 말씀하고 있다. 먹다라는 동사가
두 번 반복되는 것과 같이 죽다란 동사도 두 번 반복되면서 너는
반드시 죽게 된다는 것이다. 철저히 죽는다는 것이다. 이것은 하나
님의 절대적 주권이다. 하나님의 하나님 되심이다.

> **결론** 창세기 2:4에서 첫 번째 '톨레도트'(תּוֹלְדוֹת)가 시작되고
> 있다. '하늘과 땅의 내력' 즉 천지의 '톨레도트'(תּוֹלְדוֹת)이
> 다. 개역개정은 '내력'으로, 개역성경은 '대략'이라고 했
> 다. 이를 중심으로 창세기 1:1-2:3은 첫 번째로 기록하
> 고 있고, 창세기 2:4-25는 두 번째로 창조에 대해 기록
> 하고 있다.

1) 첫 번째와 두 번째 창조 기록은 하나님의 이름에 차이가 있다. 첫
번째 기록은 모두 '하나님' 즉 '엘로힘'(אֱלֹהִים)이었다. 계속해서 '하
나님'을 강조했다. 그러나 두 번째 기록은 모두 '여호와 하나님' 즉

'야웨 엘로힘'(יהוה אלהים)이다. 계속해서 '여호와 하나님'을 강조하고 있다. 이것은 전능하신 하나님, 천지를 창조하신 하나님이 이제 그 약속을 신실하게 지키는 언약의 하나님이라는 것이다.

2) 창세기 2:7에서 하나님이 사람을 창조했다. 하나님과 교제할 수 있는 영혼을 가진 영적인 존재로 창조했다. 그리고 창세기 2:8과 2:15에서 하나님과 사람이 교제할 수 있는 장소로 에덴을 창설하시고, 그곳으로 사람을 이끌어 거기에 두셨다. 하나님은 사람으로 하여금 물이 넉넉하고, 풍요로운 생명수 강이 흐르는 에덴, 각종 보석이 풍부하게 넘치는 복락의 낙원에 살게 하셨다. 이것이 최초에 시작된 하나님의 나라이다. 에덴은 아주 작은 초미니 왕국이었다.

3) 나라가 되기 위해서는 세 가지가 필요하다. 첫째는 왕이 있어야 한다. 다스리는 통치가 있어야 한다. 주권, 법이다. 둘째는 영토가 있어야 한다. 다스리는 장소가 있어야 한다. 거주할 땅이다. 셋째는 백성이 있어야 한다. 다스림을 받는 사람이 있어야 한다.

4) 창세기 2:9과 16-17과 하나님께서 두 그루 나무를 말씀하신다. 이 나무가 곧 하나님의 법이다. 하나님과의 약속을 새겨 놓은 일종의 언약이다. 이것이 사람과 하나님과 맺은 최초의 언약이다. 이 언약의 약속을 그대로 지키면서 살면 정말 행복하게 살 수 있도록 해 주셨다. 사람을 만드신 선한 뜻에 충실하게 살기만 하면, 온 마음과 뜻과 정성을 다해 그대로 살기만 한다면 영원한 영광의 본질을 누리면서 살게 해주시겠다고 약속하셨다. 그러나 반대로 사람

이 하나님의 말씀대로 살지 않고, 제 고집대로 살기만 한다면 반드시 죽게 되는 불행을 약속하셨다. 하나님 언약의 법을 그대로 지키면서 순종하느냐, 불순종하느냐, 그대로 따르느냐, 거역하느냐에 따라 그 결과는 달라지는 것이다.

여호와 하나님이 이르시되 사람이 혼자 사는 것이 좋지 아니하니
내가 그를 위하여 돕는 배필을 지으리라 하시니라
The Lord God said, "It is not good for the man to be alone.
I will make a helper suitable for him.
창세기 2:18

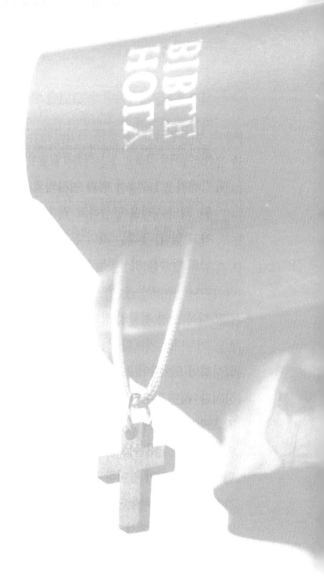

08

돕는 배필

성경 : 창세기 2 : 18 - 25

> **서론** 창세기 1:1-2:3은 첫 번째 창조 기록이다. 그리고 창세기 2:4-25은 두 번째 창조 기록이다. 두 기록은 서로 많은 차이가 있다.

1) 첫째, 하나님의 이름 즉 신명이 다르다.

첫 번째 창조 기록은 계속해서 '하나님이 이르시되'(창 1:3, 6, 9 11, 14, 20, 24, 26, 29)라면서 '엘로힘(אֱלֹהִים)' 하나님을 강조하고 있다. 전능하시고, 능력이 많으신 하나님이 온 세상을 창조했음을 강조했다. 그러나 두 번째 창조는 계속해서 '여호와 하나님'(창 2:4, 5, 7, 8, 9, 15, 16, 18, 19, 21, 22)라면서 '야웨 엘로힘(יְהוָה אֱלֹהִים)' 하나님을 강조하고 있다. 약속을 신실하게 지키시는 언약의 하나님이 세상을 창조하고, 사람을 창조했음을 강조하고 있다.

2) 둘째, 창조의 관점이 다르다.

첫 번째 창조는 '하늘의 관점'에서 우주의 출발, 세상의 기원을 말씀하고 있다. 하늘을 강조하면서 우주적인 천지창조를 첫째 날부터 일곱째 날까지 시간적으로, 일자별로 하나님의 창조 행위를 말씀하고 있다. 그러나 두 번째 창조 기록은 '땅의 관점'에서 사람의 출발, 역사의 시작을 말씀하고 있다. 땅을 강조하면서 하나님이 창조한 땅의 상태, 땅의 모습을 말씀하고 있다. 사람이 창조되기 이전에 땅의 모습은 너무나도 완벽하고, 아름답게, 그야말로 파라다이스, 지상낙원으로 창조되었다(창 2:5-6).

3) 셋째, 사람의 정체성이 다르다.

첫 번째 창조 기록에서는 하나님이 하나님의 형상대로, 하나님의 모양대로 남자와 여자를 창조했다면서, 사람의 소중함과 위대성을 강조하고 있다. 그래서 사람에게 복을 주시며, 생육하고, 번성하고, 땅에 충만하고, 땅을 정복하고, 모든 생물을 다스리라고 하셨다. 그러나 두 번째 창조 기록에서 여호와 하나님은 땅의 흙으로 사람을 지으시고, 생기를 그 코에 불어 넣으시고 생령이 되게 하셨다. 짐승과 사람 모두 흙으로(창 2:19) 유한한 존재, 연약한 존재, 의존적 존재로 만드셨다는 것을 강조하고 있다. 그러나 사람은 다른 짐승과 달리 독특하고 특별하게 지으셨다. 그 코에 생기를 불어 넣어 주셨다. 뿐만 아니라 사람만이 생령이 되게 해주셨다. 그래서 사람은 땅의 짐승과 공중의 새들과 달리 구별된 존재, 육체와 영혼을 가진 존재가 되었다.

4) 넷째, 에덴동산의 창설에 대한 기록이 다르다.

첫 번째 창조 기록에서는 '에덴'이란 말씀이 전혀 등장하지 않았다.

그러나 두 번째 창조 기록의 2:8에서는 '에덴동산'을 창조했음을 말씀하고 있다. 하나님 자신이 임재하고, 거주하는 에덴동산을 창조했다. 그 에덴은 물이 풍성하고, 넉넉하여 그곳에서부터 네 개의 강의 근원이 되게 했다. 뿐만 아니라, 각종 보석이 넘치는 아름다운 곳 에덴동산을 창설하셨다.

5) 다섯째, 두 그루 나무에 대한 기록이 다르다.

첫 번째 창조 기록에서는 셋째 날에 각기 종류대로 씨 가진 열매 맺는 나무를 내라 하시니 그대로 되었다고 기록되어 있다(창 1:11, 12). 그런데 두 번째 창조에서는 에덴동산에 보기에 아름답고 먹기에 좋은 나무가 나게 하셨는데, 동산 가운데는 생명나무와 선악을 알게하는 나무가 있었다고 했다(창 2:9). 그러면서 하나님은 사람에게 명령하기를 동산 각종 나무의 열매를 네가 임의로 먹되 선악을 알게하는 나무의 열매는 먹지 말라 네가 먹는 날에는 반드시 죽으리라고 하셨다(창 2:16-17). 하나님의 절대적 주권으로 하나님의 법을 만드셨다. 하나님과 사람과의 언약을 위해서 두 그루의 나무가 존재하게 하셨다.

6) 두 번째 창조 기록에서 여호와 하나님은 흙으로 사람을 창조하시고, 그 코에 생기를 불어 넣어 생령의 사람을 창조하셨다.

그리고 그 사람을 위해서 에덴동산을 창설하셨다. 이어서 에덴동산에 생명나무와 선악을 알게 하는 나무가 있게 했다. 이것을 통해서 하나님의 나라를 세웠다. 최초의 하나님의 나라가 시작되었다. 왜냐하면 나라가 되기 위해서 세 가지가 필요했기 때문이다. 주권과 영토와 백성이 필요했다. 이제 이 세 가지를 다 갖추었다. 백성으로서 사람이 창조되었고, 영토로서 에덴이 창설되었고, 주권으로서 에덴에 생명나무와 선악을 알게 하는 나무를 통해 하나님의 법이 세워졌기 때문이다. 이렇게 하여 하나님 자신이 왕으로, 통치하시고, 임재하시는 하나님의 나라가 시작되었다.

7) 그런데 두 번째 창조 기록은 이것으로 끝나지 않는다.

창세기 1:27에서 "하나님이 자기 형상 곧 하나님의 형상대로 사람을 창조하시되 남자와 여자를 창조하시고"라고 말씀했다. 그런데 이제 창세기 2:18이하에서 사람인 여자의 창조에 대해서 말씀하고 있다. 또 창세기 1:28에서 "하나님이 그들에게 복을 주시며 하나님이 그들에게 이르시되 생육하고 번성하여 땅에 충만하라, 땅을 정복하라, 바다의 물고기와 하늘의 새와 땅에 움직이는 모든 생물을 다스리라 하시니라"라고 했다. 이러한 축복을 누리기 위해서는 남자 혼자만 아니라, 돕는 배필로 여자가 필요했다.

1. 돕는 배필인 여자의 창조이다.

1) 하나님은 사람이 혼자 사는 것이 좋지 않다고 말씀하셨다. 이 말씀

은 천지 창조 여섯째 날에 하신 말씀이다. 아직 여섯째 날이 다 지나가지 않았다(창 1:31). 에덴동산 주변의 모든 환경은 사람이 살기에 너무나 좋았다. 그러나 거기에 한 가지 빠진 것이 있었다. 남자를 돕는 배필, 곧 여자가 없었다. 남자를 창조하시고 보니, 생육하고, 번성하여, 땅에 충만하고, 땅을 정복하고, 모든 생물을 다스리면서 함께 복을 누릴 여자가 없었다. 그래서 하나님은 남자가 혼자 살지 않도록 남자를 위하여 돕는 배필을 지어주기로 하셨다.

2) 여자를 가리켜 '돕는 배필'(עֵזֶר כְּנֶגְדּוֹ)이라고 했다. 이 말의 의미를 오해하면 곤란하다. 남자보다 여자가 열등하다, 못하다는 뜻이 아니다. 여기 '돕는 배필'(עֵזֶר כְּנֶגְדּוֹ)이란 말의 의미는 남자 혼자만으로는 생육하고, 번성하라는 하나님의 복과 명령을 이룰 수 없다는 것이다. 남자는 여자의 도움을 받아야만, 하나님이 사람들에게 허락하신 축복을 누릴 수 있다. 하늘에 많은 천사들이 있고, 땅에는 많은 짐승들이 있지만, 하나님은 남자의 돕는 배필로 여자를 창조하신 것이다. 서로 서로가 돕는 배필이다(고전 11:11-12).

3) 지금까지 계속해서 사람이라고 말씀했다. 남자와 여자라고 했다(창 1:27). 그런데 창세기 2:19에서, 아니 성경에서 처음으로 '아담'(אָדָם)이라는 이름이 기록되고 있다. 그러면서 갑자기 창세기 2:19-20a에서 여호와 하나님이 각종 들짐승과 공중의 새를 지으시고, 아담이 무엇이라고 부르나 보시려고 그것들을 아담에게로 이끌어 가셨다. 아담이 각 생물을 부르는 것이 곧 그 이름이 되었다고 한다. 그리고 이어서 창세기 2:20b에서 '…아담이 돕는 배필

이 없으므로'라고 한다. 따라서 창세기 2:19-20a은 돕는 배필의 필요성을 말씀하고 있다. 아담으로 하여금 혼자 사는 것이 좋지 아니함을 깨닫게 하신다.

4) 하나님은 아담에게 돕는 배필 곧 가장 적합한 배필을 지어주신다. 첫째, 하나님은 아담을 깊이 잠들게 하신다. 둘째, 깊이 잠든 아담의 몸에서 갈빗뼈 하나를 취하신다. 셋째, 살로 대신 채우셨다. 넷째, 그 갈빗뼈로 여자를 만드셨다. 다섯째, 여자를 아담에게로 이끌어 오셨다. 이렇게 여자는 남자와 서로 동등한 인격을 가진 고귀한 존재로 창조되었다. 이로써 에덴동산은 모든 것이 완벽해졌다(창 1:31). 생육하고, 번성하고, 땅에 충만하고, 정복하며 다스릴 하나님의 통치가 실현되어질 기초가 마련되었다.

2. 돕는 배필로 한 몸이다.

1) 창세기 2:23에서 아담은 여자를 보자마자, 짤막한 사랑의 시 한 수를 지어 바쳤다. 인류 최초의 연가 곧 사랑의 노래이다. 여자는 아담의 뼈와 살로 만들어졌기 때문에 여자는 아담의 돕는 배필로 가장 적합했다. 여기 '뼈와 살'은 동질성, 혈연성을 강조하고 있다.

2) 히브리어에서 남자는 이쉬(אִישׁ), 여자는 이솨(אִשָּׁה)라고 한다. 그 의미는 전혀 다르다. 남자라는 말은 '강하다'라는 단어에서 파생되었고, 반면에 여자라는 말은 '부드럽다'라는 단어에서 파생되었다.

강한 남자가 부드러운 여자를 보호해주겠다는 마음을 이 시에 담고 있다. 이것이 남자와 여자의 차이점이다. 아담의 시 전반부는 서로 간의 동질성을 나타내고 있다. 두 사람은 같은 뼈요 같은 살이기 때문이다. 그러나 반면에 아담의 시 후반부는 서로 간의 차이점을 나타내고 있다. 아담은 남자로 강하고, 여자는 부드럽기 때문이다.

3) 창세기 2:24-25에서 갑자기 '부모'라는 말씀이 나온다. 첫 사람 아담에게는 부모가 없다. 그것은 하나님께서 모세를 통해서 출애굽한 이스라엘 백성들에게 하나님이 세우신 결혼 제도를 가르쳐 주고 있기 때문이다. 결혼은 하나님이 세우신 가장 중요한 제도이며, 하나님의 법도이다(마 19:4-5).

4) 한 남자와 한 여자가 결혼을 해야 한다. 일부일처 제도이다. 동성이 아니라, 이성이다. 또한 부모를 떠나 아내와 연합해야 한다. 한 몸을 이루어야 한다. 부부는 한 몸이요, 하나이다(마 19:6). 두 사람이 벌거벗었지만, 전혀 부끄럽지 않았다. 아름다움 그 자체였다. 지금까지 구조를 정리하여 보면 다음과 같다.

- A 창 2:4-7 남자 창조 / 아담 창조
- B 창 2:8-17 에덴동산 창설
- A' 창 2:18-25 여자 창조 / 돕는 배필

결론 창세기 2장의 중심부인 2:4-17은 '천지의 톨레도트(חֹולְדֹות)'
를 시작하면서 아주 중요한 세 가지를 말씀하고 있다. 첫
째는 흙으로 사람을 창조했음을 말씀하고 있다. 둘째는
에덴동산을 창설했음을 말씀하고 있다. 셋째는 그 에덴
동산에 두 그루의 나무를 세웠음을 말씀하고 있다. 바로
나라의 기본적인 세 가지 즉 국민, 영토, 주권을 말씀하고
있다. 이것을 통해서 최초의 하나님의 나라가 세워지고 있
음을 말씀하고 있다.

1) 창세기 2:4-17을 중심으로 앞 부분(창 2:1-3)과 뒷 부분(창 2:18-
   25)에 아주 중요한 두 가지 제도를 말씀하고 있다. 이것을 구조적
   으로 보면 다음과 같다.
   - A 창 2:1-3 하나님의 안식
   -   B 창 2:4-17 하나님의 나라
   - A' 창 2:18-25 하나님의 가정

2) 하나님께서 최초로 세우신 두 가지 제도는 지켜도 되고, 안 지켜도
   되는 제도가 아니다. 반드시 지켜야 할 제도이다. '여호와 하나님
   이 사람과 맺은 하나의 언약'이다. 하나님의 법도이다. 그것은 첫
   째로, 안식일 제도이다. 둘째로 결혼 제도이다.

3) 하나님께서는 결혼 제도를 통해서 하나님의 가정을 이루고, 하나
   님의 나라를 세워가고자 하신다(창 1:27-28). 그것도 천상이 아닌
   지상에 에덴적 교회를 세워 하나님 나라를 세워가는 것이다. 예수

그리스도와 한 몸을 이루어, 신랑과 신부로 결혼하게 하여 하나님의 나라를 굳게 세우시는 것이다.

그런데 뱀은 여호와 하나님이 지으신 들짐승 중에 가장 간교하니라
뱀이 여자에게 물어 이르되 하나님이 참으로 너희에게 동산 모든 나무의 열매를
먹지 말라 하시더냐
Now the serpent was more subtil than any beast of the field which the Lord
God had made. And he said unto the woman, Yea, hath God said, Ye shall not
eat of every tree of the garden?
창세기 3:1

09

뱀과 여자

09 뱀과 여자

성경 : 창세기 3 : 1 - 7

> **서론** 창세기 1:1-2:3은 창조에 대한 첫 번째 기록이다. 이어서 창세기 2:4-25은 창조에 대한 두 번째 기록이다. 이 둘의 관계는 서로 많은 차이가 있다. 크게 두 가지로 나누어 볼 수 있다.

1) 첫째, 창조 기록에 대한 차이가 있다.

하나님의 이름이 다르다. 창조의 관점이 다르다. 사람의 창조에 대한 기록이 다르다.

2) 둘째, 창조 내용에 대한 차이가 있다.

에덴동산에 대한 기록이 다르다. 두 나무에 대한 기록이 다르다. 돕는 배필에 대한 기록이 다르다.

3) 이렇게 창조에 대한 첫 번째 기록과 두 번째 기록에는 상당히 많은 부분이 차이가 있다.

그 중에 첫 번째 기록은 시간상으로 날짜별로 순서적으로 기록되어 있다. 연대기적으로 기록되었다고 할 수 있다. 그러나 두 번째 기록은 첫 번째 기록과는 완전히 다르다. 주제적으로 신학적으로 기록되어 있다. 이렇게 서로 다른 창조에 대한 기록을 통해서 서로 대립하거나 모순적인 관계에 있는 것이 아니라, 서로 다른 관점에서, 보충하고, 구체적으로 기록함으로써 하나님의 창조를 더 완전하고 깊이 있게 보여주는 상호보완적인 관계에 있다고 할 수 있다.

4) 두 번째 창조 기록(창 2:4-25)에서 최초의 하나님의 나라가 시작되었다.

하나님 자신이 왕으로 통치하고, 임재하시는 하나님 나라가 시작되었다. 아담과 여자가 한 몸을 이루어 최초의 하나님의 가정이 이루어졌다. 에덴동산에서 하나님을 왕으로 모시고, 하나님과 함께 임재를 누리면서 하나님의 법도에 맞게 살면서 안식과 기쁨과 행복을 누리면서 살게 하셨다.

5) 이제 창세기 3장은 2장의 연속으로 '에덴동산'에 대해서 말씀하고 있다.

결국 사람이 범죄함으로 말미암아 에덴동산에서 쫓겨나는 것을 말씀한다. 최초로 시작된 하나님의 나라가 죄로 말미암아 깨어지고, 파괴되어 짐을 말씀한다. 창세기 3:1-7은 뱀의 유혹, 사람의 범죄에 대해서 말씀하고 있다.

1. 뱀의 유혹이다.

1) 3장을 시작하면서 '그런데 뱀은'이라고 말씀하고 있다. 뱀의 정체성에 대해서 크게 두 가지로 해석할 수 있다. 첫째는 문자적인 의미의 뱀으로 해석하는 것이다. 그 증거로 뱀이 들짐승으로 불리며(창 3:1), 비록 뱀은 말을 하지 못한다 할지라도 사탄이 뱀을 통해서 말할 수 있었다는 점. 그리고 뱀이 이 일로 심판을 받았다는(창 3:14) 사실을 들 수 있다.

둘째는 상징적인 의미의 뱀으로 해석하는 것이다. 뱀으로 묘사된 사탄 그 자체라는 것이다. 그 증거로 성경의 다른 곳에서도 사탄은 뱀으로 불리고 있으며(계 20:2), 말할 수 있고 말하고 있을 뿐만 아니라(욥 1장), 여기서 그가 말하는 것이 '거짓의 아비'(요 8:44)에 걸맞다는 사실을 들 수 있다.

2) 하지만 창세기 3장에서는 단순히 '여호와 하나님이 만드신 모든 들짐승 중에 가장 간교한 존재'로만 소개하고 있다. '여호와 하나님'(יהוה אלהים)은 천지를 창조하시고, 그 가운데 뱀을 창조하신 분이 누구인지를 밝히면서 나온 이름이다. 그러나 반면에 뒤에 나오는 '하나님'(אלהים)은 뱀이 여자를 유혹하는 가운데 금지 명령을 내리신 분이 누구인지를 확인하는 과정에서 나온 이름이다.

3) 그런데 놀라운 것은 3장에서 객관적인 사실을 기록한 모든 부분에는 하나님의 이름이 '여호와 하나님'(יהוה אלהים)으로 나오는 반면 뱀은 일관되게 '하나님'(אלהים)이란 명칭만 사용하고 있다. '엘

로힘'(אֱלֹהִים)은 하나님이 천지를 창조하신 전능하시고 권세가 많은 분이심을 강조하는 명칭이다. 반면에, '여호와'는 언약을 세우시고, 그 언약을 성실히 이루어 나가시는 하나님 되심을 강조하는 명칭이다. 따라서 3장에서 계속 '여호와 하나님'이란 명칭이 등장하는 것은 천지를 창조하셨으며, 만물에 대한 절대 주권을 가지신 분인 엘로힘 하나님이시다. 동시에 사람과 더불어 영원한 축복과 죽음의 결과를 낳게 하는 선악과 언약을 맺으신(창 2:17) 언약의 여호와 하나님이 되심을 보여주고 있다.

4) 그런데 뱀은 여자를 유혹하기 위해 하나님의 언약을 상기시킬 수 있는 '여호와'란 명칭을 단 한 번도 사용하지 않는다. 단지 사람과 대조되는 전능한 권세를 지니신 분이심을 강조하는 '하나님'이란 명칭만 사용함으로써 여자로 하여금 하나님에 대한 은근한 시기와 금지 명령을 내리신 것에 대한 불만감을 갖도록 조장하고 있다. 이것은 실로 고차원적인 사탄의 술책이다. 아무튼 뱀은 여호와 하나님이 창조한 야생 들짐승 중 하나라고 말한다. 뱀은 피조된 생물이지 영원하거나 신적인 존재는 아니다. 이렇게 뱀에 대한 논의는 많지만 뱀에 관한 그 어떤 세부적인 정보도 나타나 있지 않다. 사탄이라고 불리지도 않는다. 뱀에 대해서 자세히 말씀하고 있지 않다.

5) 단지 뱀은 가장 간교하다고 평가하고 있다. 여기 '간교하다'(아룸, עָרוּם)라는 말은 창세기 2:25의 아담과 하와의 상태를 묘사하면서 사용한 '벌거벗었다'(아루밈, עֲרוּמִּים)라는 말과 발음도 글자도 유사하다. 이런 언어 유희를 통해 창세기 2장과 3장을 연결시키고 있

다. 이렇게 뱀은 가장 간교하게 남자가 아닌 여자에게 접근했다. 뱀은 수단과 방법을 가리지 않고, 집요하게 여자의 가장 약한 부분을 파고 들었다(창 2:15-17).

- 뱀은 '참으로…하시더냐'라는 의문문을 사용하면서 의심을 불어 넣고 있다. 여자는 '반드시(정녕) 죽으리라'라는 하나님의 말씀을 반신반의하면서 불신앙적 태도를 취한다.
- 뱀은 여자의 말을 받아 '너희가 결코 죽지 아니하리라'라고 완강히 부정하고 있다. 하나님의 말씀을 정면으로 공격하고 있다.
- 뱀은 하나님이 하시지도 않은 말을 가감하고 있다. "너희가 그것을 먹는 날에는 너희 눈이 밝아 하나님과 같이 되어 선악을 알 줄을 하나님이 아심이니라"라고 한다.

6) 뱀의 유혹 즉 사탄의 유혹은 '하나님이 정말 그랬느냐'라는 것이다. '참으로 그렇게 하셨느냐'라는 것이다. 그러면서 첫째로, 하나님의 말씀을 의심하게 한다. 둘째로, 하나님의 말씀을 부정하게 한다. 셋째로, 하나님의 말씀을 가감하게 한다.

2. 여자의 범죄이다.

1) 뱀은 여자를 계속 유혹했다. 창세기 3:6을 시작하면서 '그러자 그 여자가 바라보았다'(וַתֵּרֶא הָאִשָּׁה)라고 한다. 창세기 3:5의 결과로, 뱀의 말을 들은 뒤에 여자가 선악과를 유심히 다시 보게 되었다는 것

이다. 이제 과거와는 아주 다르게 '먹음직도 하고, 보암직도 하고, 지혜롭게 할만큼 탐스럽기도 한 나무'로 보였던 것이다.

2) 뱀과 만나서 대화를 나누고 나니, 선악과가 먹기에 너무나 좋은 나무였다는 것이다. '토브'(טוב) 그 자체였다. 완전히 매료되었다. 그 다음 보암직했다. 그 눈에 즐거웠다. 눈이 탐욕으로 가득찼다. 그리고 지혜롭게 할 만큼 탐스럽기도 한 나무였다. 그 나무는 지혜롭게 할 만큼 탐스러웠다. 이 선악과만 먹으면 모든 일이 다 잘될 것이라고, 형통할 것이라고, 어처구니없는 착각에 빠지게 되었다.

3) 결국 여자는 하나님의 명령을 정면으로 위반하면서 그 실과를 따 먹었다. 좀 더 구체적으로 말하면, 실과를 땄다. 그리고 먹었다는 것이다. 뿐만 아니라, 남편에게도 주매 그도 먹었다는 것이다. 여자의 범죄는 여자 혼자로 끝나지 않고 자기와 함께한 남편에게도 주매 그도 먹었다. 죄의 확산이다.

4) 먹자마자 곧바로 그 효과가 나타났는데, 그들의 눈들이 열렸다. 자신의 의지와 상관없이 눈이 열리고 말았다. 눈이 밝아져 벌거벗은 모습을 보게 되었다(창 2:25). 수치심을 느끼게 되었다. 과거에는 벗은 것이 아무렇지 않았지만, 선악과를 먹고 나니 수치심을 느끼게 된 것이다. 과거의 영적 순결을 잃어버리고, 그 영혼이 죄악으로 더러워졌기 때문이다.

5) 아담과 여자는 그 벗은 부끄러움 즉 수치심을 가리우기 위해서 '그들 자신을 위하여' 치마를 만들었다. 그들 자신을 위하여 앞치마,

가리개를 하였다. 우리말 개역개정은 '그들 자신을 위하여'라는 말씀을 번역하지 않고 있지만, 원문에는 '라헴'(להם)이라고 기록되어 있다. 하나님의 형상대로 창조된 사람, 하나님이 흙으로 그 코에 생기를 불어 넣어 생령이 된 사람이 하나님의 영광을 위하여 살아야 함에도 불구하고, 죄를 지은 이후에는 자신을 위하여 사는 삶이 시작되고 있는 것이다. '하나님을 위하여'라는 말씀 대신에 '그들 자신을 위하여'라는 말씀으로 대체시키고 있다.

> **결론** 창세기 2:4-25은 첫 번째 에덴동산에 대해서 말씀하고 있다. 그러나 이제 창세기 3:1-25은 두 번째 에덴동산에 대해서 말씀하고 있다. 한마디로 요약하면 '사람의 창조와 타락'이다.

1) 에덴동산에 살도록 창조된 남자와 여자, 즉 아담과 하와가 하나님이 금지하신 명령을 어기고 에덴동산에서 추방 당한 말씀으로 이어지고 있다. 에덴동산에 세워진 최초의 하나님의 나라가 이제 사람의 범죄로 말미암은 위기를 맞이하면서 하나님의 나라가 깨어지게 된 것이다. 하나님의 언약이 파괴되어진 것이다. 하나님과의 관계성을 파기해 버리고 있다. 하나님은 이러한 하나님의 나라를 다시금 세우시기를 원하시고 있다. 창세기 3:15의 소위 말하는 '원시 복음'을 통해서 하나님의 나라를 다시 세우시고자 언약의 말씀을 주신다.

2) 이러한 흐름 속에서 창세기 3:1-7의 말씀은 뱀의 유혹으로 말미암아 사람의 범죄에 대해서 말씀하고 있다. 창세기 3:1에서 '뱀이 가장 간교하니라'(וְהַנָּחָשׁ הָיָה עָרוּם)고 한다. 여기 '간교하다'는 말은 '아룸'(עָרוּם)인데, 지혜롭다, 교활하다, 영리하다, 간교하다. 슬기롭다 등 다양한 의미가 있다. 그런데 3:7에서 '벗은 줄 알고'(עֵירֻמִּם הֵם)라고 한다. 여기 '벌거벗은'이라는 말은 '에롬'(עֵירֹם)인데, 벌거벗은, 벌거벗음을 의미한다. 이러한 언어 유희를 통해서 아담과 여자는 스스로 뱀의 간교함, 지혜로움(아룸)이라는 덫에 걸린 위험한 상황에서 결국 벌거벗음(에롬)을 알게 되었다는 것이다. 아담과 여자가 뱀의 유혹에 넘어가 스스로 지혜로움을 추구하였지만, 결국 자기들이 벌거벗음을 알고 두려워 숨었던 것이다. 뱀이 가진 지혜, 간교함은 결국 아담과 여자를 궁극적으로 저주로 인도하는 것이 되고마는 것이다(창 3:14).

3) 한 가지 의문이 드는 것은 하나님으로부터 직접 명령을 받은 아담이 어떻게 그렇게 쉽게 여자가 준 선악과를 받아 먹을 수 있었느냐는 것이다. 아담은 하나님으로부터 직접 금령을 받은 자로서 응당 여자가 잘못한 것을 지적하고 책망했어야 옳았다. 그러나 아담은 여자에게 그 어떤 책망도 하지 않고, 그냥 순순히 그 여자로부터 선악과를 받아 먹었다. 어떻게 이러한 일이 가능했는가? 그것은 아담이 그 아내 여자를 보고 처음 한 말 곧 '이는 내 뼈 중의 뼈요 살 중의 살이라'(창 2:23)는 말에서 알 수 있다. 아담과 여자는 너무나 가까이 밀착되어 있었다. 아담은 여자를 너무 사랑한 나머지 하

나님의 엄중한 경고에도 불구하고 하나님의 말씀보다 여자의 말을 더 우선시하고 그것을 그냥 따르고 말았다.

4) 분명히 여자가 먼저 범죄했다. 여자가 먼저 뱀의 유혹을 받아 죄를 저질렀다(딤후 2:13-14). 여자가 뱀에게 속아 죄에 빠졌다. 그런데 계속해서 아담의 범죄를 말하고 있다. 그것은 아담의 대표성때문이다. 대표적 원리 때문이다. 뿐만 아니라, 아담은 오실 자의모형이기 때문이다(롬 5:14). 범죄가 한 사람의 대표로 이루어졌다면, 생명도 한 분의 대표로 이루어지는 것이다(고전 15:45-47).

그들이 그 날 바람이 불 때 동산에 거니시는 여호와 하나님의 소리를 듣고 아담과
그의 아내가 여호와 하나님의 낯을 피하여 동산 나무 사이에 숨은지라
And they heard the voice of the Lord God walking in the garden in the cool of
the day: and Adam and his wife hid themselves from the presence of the Lord
God amongst the trees of the garden.
창세기 3:8

10

아담과 뱀

10 아담과 뱀

> **서론** 창세기에 나타난 10개의 '톨레도트'(חוֹלְדוֹת) 가운데, 그 첫 번째 '톨레도트'(חוֹלְדוֹת)가 창세기 2:4에서 '이것이 하늘과 땅의 내력'(אֵלֶּה תוֹלְדוֹת הַשָּׁמַיִם וְהָאָרֶץ)이라고 하면서 시작하고 있다.

1) 창세기 2:4-25은 창세기 1:1-2:3에 이어서 창조에 대한 두 번째 기록으로 크게 두 가지를 말씀하고 있다.

   첫째, 최초의 하나님의 나라의 시작을 알려주고 있다. 둘째, 최초의 하나님의 가정의 시작을 알려주고 있다.

2) 에덴동산에서 사람을 향한 하나님의 놀라운 은혜의 역사에도 불구하고, 창세기 3:1에서 '그런데 뱀은'(וְהַנָּחָשׁ)이라고 하면서 하나님의 역사에 대한 대조로서, 뱀의 역사를 말씀하고 있다.

   뱀은 여자를 계속해서 유혹하였다. 하나님의 말씀을 의심하게 하고, 부정하게 하고, 가감하게 했다. 뱀은 여자에게 하나님과 같이 되려고 하는 마음, 즉 죄의 본성을 심어 주었다. 결국 여자는 뱀의 유혹에 넘어가 범죄하고 말았다. 뿐만 아니라, 그와 함께 있는 남편에게 주매 그도 먹으면서 함께 범죄하였다. 이렇게 여자 혼자만 범죄한 것이 아니라, 남자까지도 함께 범죄하게 되었다. 죄란 나만 넘어지고 마는 것이 아니라, 다른 사람도 넘어지게 하는 데에 죄의 심각성이 있다.

3) 이렇게 하여 최초의 하나님 나라, 에덴동산에 죄가 들어오게 되었다.

세상에 죄가 시작되었다. 이러한 죄로 말미암아 하나님의 나라가 깨어지게 되었다. 최초로 세워진 하나님의 가정이 범죄로 말미암아 파괴되고 말았다.

4) 그 결과 이제는 부끄러워 무화과나무 잎으로 자신을 위하여 치마를 만들어야 했다(창 3:7).

범죄는 하나님 중심에서 자기 중심으로 변하게 만들었다. 이것을 구조적으로 보면 다음과 같다.
- A 창 2:18-25 여호와 하나님의 역사(계획)
-   B 창 3:1-7 뱀의 유혹(역사)
- A' 창 3:8-15 여호와 하나님의 역사(계획)

5) 창세기 3:8-15은 여호와 하나님께서 범죄한 아담을 불러 대화하시고, 이어서 뱀에게 저주하신 말씀을 기록하고 있다.

창세기 3:1-7에서는 뱀과 여자와의 대화를 주로 기록했다고 한다면, 창세기 3:8-15은 여호와 하나님과 아담과의 대화를 기록하고, 이어서 여호와 하나님이 뱀에 대해서 저주하신 말씀을 기록하고 있다. 이제 뱀과 여자에서 아담과 뱀으로 전환되면서 여호와 하나님께서 아담과 뱀에 대해서 계속해서 말씀하고 있다.

1. 범죄한 아담이다.

1) 창세기 3:8에는 우리말 개역개정과 달리 '그리고 들었다'는 말씀이 제일 먼저 기록되어 있다. 창세기 2:16-17에 보면, 아담은 동산에서 '여호와 하나님'이 명하시는 음성을 들었다. 그리고 '그들이 그날 바람이 불 때' 동산에 거니시는 그 하나님의 소리를 들었다. '그들이 그 날 바람이 불 때'에도 여전히 찾아오셔서 말씀하시는 그 하나님의 소리를 들었다. 그것도 '그 날'이라고 하면서 정관사가 붙어 아담과 여자가 선악과를 따 먹은 바로 그 날 여호와 하나님께서 찾아오셔서 말씀하셨다. 바로 그 날, 그 음성을 들었다는 것이다.

2) 범죄한 아담과 그의 아내는 여호와 하나님의 소리를 외면하고 자신을 숨긴 것이다(창 3:8). 그것도 여호와 하나님의 낯을 피해 동산 나무 사이에 숨었다.

3) 하지만 여호와 하나님은 아담을 부르시면서 '네가 어디 있느냐'고 하셨다(창 3:9). 아담은 이러한 질문을 받자마자 회개했어야 했다.

그러나 아담은 내가 동산에서 하나님의 소리를 듣고 벗었으므로 두려워하여 숨었다고 했다(창 3:10). 그리고 이어서 하나님은 누가 너의 벗었음을 네게 알렸느냐 내가 네게 먹지 말라 명한 그 나무 열매를 네가 먹었느냐고 하신다(창 3:11). 아담은 나와 함께 있도록 하나님께서 주셨던 그 여자가 그 나무 열매를 내게 주므로 내가 먹었다고 한다(창 3:12).

4) 이제 하나님은 여자에게 '네가 어찌하여 이렇게 하였느냐'라고 하신다(창 3:13). 이러한 질문에 여자는 '뱀이 나를 꾀므로 내가 먹었나이다'라고 한다. 아담이나 여자나 모두 동일하게 '내가 먹었나이다'라고 아주 간단하게 답변한다. 이러한 답변은 아담은 여자 때문이고, 여자는 뱀 때문이라고 책임을 전가하면서 변명하는 것이다.

5) 죄는 크게 세 가지를 가져온다. 첫째, 죄는 두려움을 가져온다. 둘째, 죄는 단절을 가져온다. 셋째, 죄는 책임 전가를 가져온다.

2. 뱀의 저주이다.

1) 지금까지 하나님은 아담과 여자에게는 먼저 질문을 하시고, 대답을 들으셨다. 창세기 3:9과 3:13을 보면 알 수 있다. 뱀에게는 대화가 없다. 곧바로 "왜냐하면 네가 이것을 하였기 때문이다"라고 하면서 원인을 나타내는 접속사 '키'(כִּי)로 시작하고 있다. 단도직입적으로 죄를 곧바로 지적하고, 이어서 심판을 하고 있다. 이렇게

하나님은 사람을 대하는 태도와 뱀을 대하는 태도가 달랐다.

2) 하나님은 뱀에게 '네가 저주를 받아'(אָרוּר אַתָּה)라고 한다. '네가 이렇게 하였으니' 즉 '이렇게' 사람을 유혹하여 하나님과 사람과의 관계를 파괴했기 때문에 뱀에게 저주가 선포되고 있다. 여기 '저주'는 축복의 반대이다. 이 모든 저주의 말씀들은 하나님의 명령을 저버림으로써 하나님과의 관계를 깨뜨린 그 뱀을 대상으로 하고 있다. 뱀은 하나님의 창조의 면류관인 사람 아래서 사람의 지배와 관리를 받아야 하지만(창 1:26, 28, 2:15), 피조물인 뱀이 오히려 그 하나님과 사람의 관계를 파괴해 버렸다. 이것이야말로 용서받을 수 없는 죄, 저주라는 것이다.

3) 뿐만 아니라, 여기 '저주'는 '포기하다'라는 의미도 포함하고 있다 (말 2:2). 하나님께서 피조물인 뱀을 포기하셨다는 것이다. 뱀이 비록 하나님의 피조물이지만 은혜의 원천이신 하나님으로부터 멀리 떨어져 나갔으므로 하나님께서 다시 은총을 베푸시는 것을 포기한 상태에 이르렀다는 것이다. 물론 하나님께서 보다 적극적으로 뱀을 미워하고 형벌을 내린다는 의미도 포함되어 있지만, 실상은 하나님께서 은혜 베푸시기를 포기하셨다는 것 그 자체가 저주인 것이다. 더구나 수동태 분사형으로 사용되어, 저주받은 것이 일회적으로 끝나는 것이 아니라, 그 상태가 앞으로도 멈추지 않고 계속될 것임을 말씀하고 있다.

4) 뱀은 저주를 받아 '모든 가축과 들의 모든 짐승보다 더욱 저주를' 받게 되었다. 여기 '모든'(מִכֹּל)이라는 말씀은 3:1의 '가장'(מִכֹּל)이라

는 말씀과 동일하다. '믹콜'(מִכֹּל)이다. '모든 것 중에서'라는 의미이다. 이 말씀이 창세기 3:1에서는 다른 모든 동물들과 구별되는 뱀의 교활함을 강조한 반면 창세기 3:14에서는 다른 모든 동물과 구별되는 뱀에게 내린 저주를 강조하여 대조를 이루고 있다.

5) 이러한 말씀을 통해 공의로우신 하나님께서는 죄를 범한 모든 존재들에게 벌을 내리시지만 특별히 간악한 존재에게는 더 큰 형벌을 내리심을 알 수 있다. 이렇게 창세기 3:14에만 '콜'(כֹּל)이라는 말씀을 3번이나 반복 사용함으로써 뱀에게 내려지는 형벌의 엄중함을 거듭하여 강조하고 있다. 뿐만 아니라, '생명'과 연결되고, '날'과 연결되어(כֹּל יְמֵי חַיֶּיךָ) 있다. '살아 있는 모든 날 동안 단 한순간도 빠짐없이'이다. 한편 뱀에게 있어서는 죄의 형벌이 이처럼 살아 있는 모든 날 동안만 임하지만, 사람에게 주어지는 형벌은 종신토록이 아니라 영원토록이다. 이런 의미에서 사람에게 주어지는 축복이 큰 만큼 형벌 역시 더 엄격하다고 할 수 있다. 뱀은 배로 기어 다니면서 계속해서 땅의 티끌을 먹게 되는 저주를 받았다. 오늘날까지 배로 땅을 기어 다니며 먹이를 잡아먹음으로써 그때마다 티끌들도 함께 먹고 있다.

6) 창세기 3:15에서 뱀과 여자에 대해서 말씀하시며 '뺀'(בֵּין)을 두 번 사용하고 있다. 이어서 뱀의 후손과 여자의 후손을 말씀하시면서 동일하게 '뺀'(בֵּין)을 총 세 번이나 사용하고 있다(וּבֵין זַרְעֲךָ וּבֵין זַרְעָהּ בֵּינְךָ וּבֵין הָאִשָּׁה). 이렇게 뱀과 여자 사이에, 뱀의 후손과 여자의 후손 사이에 영원히 적대해야 할 것을 강조하고 있다. '여자의 후손'은

뱀의 머리를 상하게 할 것이다. 뱀은 여자의 후손의 발꿈치를 상하게 될 것이다. 그러면서 아담이 아니라, 여자를 강조하면서 여자의 후손을 말씀하고 있다. 이것은 여자의 후손을 통해서 즉 마리아의 몸을 통해 이 땅에 메시아를 보내 구원을 이루어 주시는 은혜를 베풀어 주실 것을 약속하고 있다. 이것을 '원시 복음'이라고 한다. 이것을 통해서 죄의 심각성을 깨달아야 한다. 또한 죄는 치열한 싸움을 가져온다.

> **결론** 창세기 2:4-25과 창세기 3:1-24은 둘 다 에덴동산을 중심으로 말씀하고 있다. 창세기 2:4-25은 첫 번째 에덴동산이라고 하고, 창세기 3:1-24은 두 번째 에덴동산이라고 한다.

1) 첫 번째 에덴동산은 에덴 밖에 있던 아담을 하나님께서 에덴동산을 창설하시고, 그곳에 살게 하셨다. 아담 혼자 있는 것이 좋지 못하여 여자를 만드시고, 둘이 한 몸을 이루어 에덴동산에서 행복하게 살게 하셨다. 이렇게 하나님은 최초의 하나님의 나라를 세우시고, 최초의 하나님의 가정(하나님의 교회)를 통해서 하나님의 나라를 실현하고자 하셨다. 생육하고, 번성하여, 땅에 충만하고, 땅을 정복하고, 모든 생물을 다스리면서 살게 하셨다.

2) 두 번째 에덴동산은 철저히 첫 번째 에덴동산과 대조를 이루고 있다. 사람이 에덴 밖으로 쫓겨나가는 것을 말씀하고 있다. 바로 창

세기 3:1을 시작하면서 '그런데 뱀은'이라고 하면서, 뱀을 통해 여자를 유혹하여 하나님의 가정을 파괴하고 있다. 죄가 에덴동산에 들어옴으로써 하나님의 나라가 파괴되고 있다.

3) 창세기 3:1-7에서 뱀과 여자와의 대화를 통해서 최초의 죄의 기원, 죄의 시작을 말씀하고 있다. 죄에 대해서 크게 두 가지를 말씀하고 있다. 첫째는 죄의 본성에 대해서 말씀하고 있다. 죄란 하나님의 말씀을 의심하는 것이요, 하나님의 말씀을 부정하는 것이요, 하나님의 말씀을 가감하는 것이다. 이것을 통해서 '하나님과 같이 되어' 라는 욕망을 가지는 것이다. 하나님의 형상을 따라 창조되었는데 '형상'을 빼어 버리고, '하나님과 같이 되려고' 하는 것이 바로 교만이다.

둘째는 죄의 파괴력, 심각성을 말씀하고 있다. 죄란 나만 짓고 끝나는 것이 아니라, 다른 사람까지도 함께 죄를 짓게 하는 것이다. 나로 인하여 너도 넘어지게 하는 것이 바로 죄이다. 죄란 혼자로 끝나는 것이 아니라, 확산되고 퍼지는 것이다. '여자가 뱀의 유혹에 넘어가 죄를 짓고, 여자가 자기와 함께 있는 남편에게도 주매 그도 먹은지라'라고 죄의 확장을 말씀하고 있다.

4) 창세기 3:8-15에서 뱀과 여자와의 대화가 이제 하나님과 아담 간의 대화로 전환되고 있다. 여전히 죄를 짓고 난 이후의 모습에 대해서 말씀하고 있다. 먼저 죄의 속성을 가르쳐 주고 있다. 첫째, 죄를 짓고 나면 두려워하며 피하여 숨게 된다. 둘째, 죄를 짓고 나면 변명과 책임 전가를 하게 된다.

그 다음 죄의 결과에 대해서 말씀하고 있다. 첫째, 죄의 결과는 한마디로 비참함이다. 철저한 하나님의 심판을 받게 되어 있다. 영원토록 저주가 임하는 것이다. 죄의 삯은 사망이다. 둘째, 죄의 결과는 치열한 영적 전쟁을 가져온다. 뱀과 여자, 뱀의 후손과 여자의 후손이 치열하게 투쟁할 것이다. 결국 여자의 후손이 승리할 것이다.

5) 창세기 3:14에서는 뱀에 대해서 곧바로 심판을 말씀하고 있다. 그러나 사람에게는 하나님이 먼저 아담을 찾아오셔서 '아담아 네가 어디 있느냐'고 묻고 있다. 그러면서 아담에게 '여자의 후손'을 약속하고 있다. '여자의 후손을 통한 언약' 즉 원시 복음이다(롬 5:12, 고전 15:45-47, 롬 5:14, 18-19). 이것은 '때가 차매' 이루어지는 역사이다(갈 4:4-5). 창세기 3장을 구조적으로 보면 다음과 같다.

　 - A 창 3:1-7 뱀의 유혹 / 아담의 범죄
　 -　 B 창 3:8-15 뱀의 저주 / 여자의 후손
　 - A' 창 16-21 사람의 심판 / 가죽 옷

조금 더 확대하여 창세기 2:18-3:21의 구조를 다음과 같이 표로 나타낼 수 있다.

창 2:18-25	창 3:1-7	창 3:8-15(19)
A 하나님의 선한 계획	A' 사단의 악한 계획	A'' 하나님의 심판 계획
B 인간의 지혜로움	B' 인간의 어리석음	B'' 인간의 두려움
C 바람직한 인간관계	C' 그릇된 인간관계	C'' 파괴적인 인간관계
D 인간의 무궁한 행복	D' 인간의 타락과 수치	D'' 인간의 불행과 구속 역사의 동시 시작
E 3:20-21 죄인을 위한 하나님의 새로운 계획의 실행		

또 여자에게 이르시되 내가 네게 임신하는 고통을 크게 더하리니 네가 수고하고
자식을 낳을 것이며 너는 남편을 원하고 남편은 너를 다스릴 것이니라 하시고
Unto the woman he said, I will greatly multiply thy sorrow and thy conception;
in sorrow thou shalt bring forth children; and thy desire shall be to thy husband,
and he shall rule over thee.

창세기 3:16

11

사람들과 가죽옷

> **서론** 창세기 2:4-25은 창조에 대한 두 번째 기록이다. 첫 번째 기록된 에덴동산이다. 창세기 3:1-24은 두 번째 기록된 에덴동산이다. 첫 번째 기록된 에덴동산과 두 번째 기록된 에덴동산의 분명한 차이점이 있다. 그것은 바로 첫 번째 기록된 에덴동산은 사람이 타락하기 이전이다. 그러나 두 번째 기록된 에덴동산은 사람이 타락한 이후이다

1) 첫 번째 기록된 에덴동산은 에덴 밖에 있던 아담을 하나님께서 에덴동산을 창설하시고, 그곳에 살게 했다.

   아담 혼자 사는 것이 좋지 못하여 여자를 만드시고, 둘이 한 몸을 이루어 벌거벗었으나 부끄러움이 없이 살게 했다.

2) 그러나 두 번째 기록된 에덴동산은 철저히 첫 번째 에덴동산과 대조를 이루고 있다.

   사람이 에덴동산 밖으로 쫓겨나는 것을 말씀하고 있다. 또한 창세기 2:18-25에서는 하나님의 역사를 말씀하고 있으나, 창세기 3:1-7은 뱀의 역사, 즉 뱀이 여자를 유혹하여, 뱀의 유혹에 넘어간 여자가 선악을 알게 하는 나무의 실과를 따먹고, 그와 함께 있는 남

편에게도 주어 먹게 했다. 이렇게 됨으로 최초의 하나님의 나라에 최초의 범죄가 시작되었다. 에덴동산에 죄가 들어오게 되었다. 죄가 시작되었다.

3) 창세기 3:8-15은 다시금 범죄한 아담을 찾아오시는 하나님의 역사에 대해서 말씀하고 있다.

지금까지 뱀과 여자와의 대화였다면, 이제는 여호와 하나님과 아담과의 대화이다. 여호와 하나님께서 범죄한 아담을 찾아와서 '네가 어디 있느냐'고 물으셨다. 범죄한 이후 아담에게 하나님과의 관계에 대해서 질문을 하고 있다. 범죄한 아담은 '내가 벗었으므로 두려워하여 숨었나이다'라고 대답한다.

4) 그러면서 여호와 하나님은 아담으로 하여금 죄에 대해서 알게 하고 있다.

범죄한 아담의 모습을 통해서 죄의 속성이 무엇인지를 깨닫게 된다. 죄의 속성이 무엇인가? 크게 세 가지이다.
- 첫째, 죄란 두려움을 가져오는 것이다.
- 둘째, 죄란 단절을 가져오는 것이다.
- 셋째, 죄란 책임 전가를 가져오게 되는 것이다.

5) 그리고 곧바로 여호와 하나님은 뱀을 심판하고 저주하고 있다.

여자를 유혹한 뱀을 향해 저주를 함으로 죄의 결과에 대해서 깨닫게 하고 있다. 첫째, 죄의 원인에 대해 반드시 그 결과가 따른다는 것이다. 죄의 원인 제공자에게도 반드시 죄의 결과가 임하게 된다는 것이다.

둘째, 죄는 치열한 영적 전쟁을 가져온다는 것이다. 뱀과 여자와 뱀의 후손과 여자의 후손이 치열하게 투쟁할 것이라는 사실을 말씀하고 있다. 결국 여자의 후손이 승리할 것을 말씀하고 있다. '원시복음'을 말씀해 주셨다. 창세기 2:18-3:15을 하나의 구조로 보면 다음과 같다.

- A 창 2:18-25 여호와 하나님의 역사(계획)
-   B 창 3:1-7 뱀의 역사(유혹)
- A' 창 3:8-15 여호와 하나님의 역사(계획)

6) 창세기 3:14-15에서 뱀의 저주와 여자의 후손에 대한 말씀에 이어서 창세기 3:16-21은 계속해서 여호와 하나님께서 여자(창 3:16)와 아담(창 3:17-19)에게 심판을 말씀하고 있다.

이렇게 사람들에게 심판을 말씀하고 나서 창세기 3:20-21에서 아담이 그 아내의 이름을 '하와'라고 부르고, 여호와 하나님이 아담과 그의 아내를 위하여 가죽옷을 지어 입히셨다.

1. 사람들에 대한 심판이다.

1) 먼저 하나님께서는 죄를 짓도록 원인을 제공한 뱀에게 저주의 심

판을 선언하고 있다. 그리고 이제 여자에게 심판을 선언하고 있다. 크게 두 가지이다. 하나는 자녀 출산이다. 또 다른 하나는 남편과의 관계이다. 결국 여자에 대한 심판은 자손과 남편에 연결되어 있다. 이것을 좀 더 구체적으로 보면 다음과 같다.

- 첫째, 여호와 하나님은 여자에게 잉태하는 고통을 크게 더하였다.
- 둘째, 여호와 하나님은 남편이 여자를 다스리게 하였다.

2) 그리고 하나님은 아담에게도 심판을 선언하고 있다. 아담에게는 심판의 이유를 심판 내용 앞에 위치시키고 있다. 아담에게 주어진 심판은 크게 두 가지이다 하나는 땅과의 관계이다. 또 다른 하나는 자신과의 관계이다. 이것을 구체적으로 보면 다음과 같다.

- 첫째, 땅, 즉 환경에 관한 것이다. 땅이 저주를 받았다.
- 둘째, 아담의 노동(수고)이다. 평생토록 수고해야 한다.

3) 죄에 대한 심판을 강조하고 있다. 첫째, 죄의 심판은 예외가 없다. 둘째, 죄의 심판은 수고가 따른다. 셋째, 죄의 심판은 관계 파괴를 가져온다. 넷째, 죄의 심판은 죽음을 가져온다. 죄의 결과로 반드시 죽는다. 죄의 삯은 사망이다.

2. 사람들을 위한 가죽옷이다.

1) 아담(אדם)은 지금까지 계속해서 '여자'라고 했다. 남자(איש)에게서 나왔다고 해서 여자(אשה)라고 불렸다. 그런데 드디어 아담이 그

의 아내의 이름을 하와라고 한다(창 2:19, 2:23). '하와'(חַוָּה)란 '하야'(חָיָה)에서 유래하여 '생명'이라는 뜻이다. '모든 산 자의 어머니가 됨이라'라고 한다. '모든 산 자의 어머니' 즉 최초의 여자 하와가 바로 모든 인류의 어머니가 됨을 의미한다.

2) 아담은 하와에게 생명이 있고, 생명의 약속이 있다는 것이다. 즉 아담은 여자의 후손이 뱀의 머리를 상하게 할 것이라는 하나님의 말씀을 믿고, 여자의 이름을 '하와' 즉 생명을 가진 어머니라고 불렀다. 그렇게 쏟아지는 진노와 심판 중에서도 이 여자에게는 생명의 약속이 있다는 것이다. 여자의 후손을 통해서 구원하신다는 것이다(창 3:15). 그래서 여자를 '하와' 즉 생명이라고 부르고 있다.

3) 더 나아가서 하나님은 아담과 그의 아내를 위하여 가죽옷을 지어 입히셨다(창 3:7). 우리말 개역개정은 가죽옷을 지어 입히시니라가 연속으로 기록되어 있지만, 원문은 지어가 첫 단어이고, 입히시니라가 마지막 단어이다. 여호와 하나님께서 가죽옷을 지으신 사실과 입히신 사실을 각각 분리하여 강조하고 있다. 특히 여기 '지어'라는 말씀은 하나님의 창조 사역에서 여러 번 기록한 '바라'가 아니라, '아사'(창 1:7, 16 26, 31, 2:3, 4, 18, 3:1)로, 아담과 하와를 위해서 가죽옷을 지으신 것은 하나님의 창조 사건과 비견될 만큼 중요한 사건임을 말씀하고 있다.

4) 지금까지 하나님은 창조의 행위로 모든 피조물을 만드셨지만, 이제는 아담과 하와를 위해서 하나님이 만드셨다는 것이다. 구원의 행동으로 만드셨다는 것이다. 또한 아담과 하와를 위해서 가죽옷

을 입히신 것은 사역형으로 이 모든 일을 하나님께서 주도하시고, 하나님의 뜻대로 이루셨음을 말씀하고 있다. 따라서 범죄한 아담과 하와를 위해서 하나님께서 처음부터 주도하셔서 모든 일을 진행하셔서 가죽옷을 지어 입히셨다는 것이다. 무화과나무 잎이 아니라, 가죽옷이다.

> **결론** 창세기 3장의 두 번째 기록된 에덴동산은 창세기 2:4-25의 첫 번째 기록된 에덴동산과 다르다. 첫 번째 에덴동산은 철저히 하나님의 은혜의 역사만 있었다. 그러나 두 번째 에덴동산은 하나님의 은혜의 역사와 대조적으로 뱀의 역사를 말씀하고 있다.

1) 3장은 뱀의 유혹에 의한 여자의 범죄, 아담의 범죄를 말씀하고 있다. 이어서 여호와 하나님의 뱀에 대한 심판과 아울러 그 범죄에 대한 여자와 아담에 대한 심판을 말씀하고 있다. 이러한 범죄에 대한 심판은 모든 관계를 다 깨뜨려 버렸다. 최초로 시작된 하나님의 나라가 완전히 파괴되었다. 최초로 시작된 하나님의 가정이 파괴되었다. 뿐만 아니라, 하나님과 사람과의 관계, 남녀 관계, 그리고 사람과 피조물과의 관계를 다 망가뜨리고 말았다. 죄가 모든 관계를 다 엉망진창이 되도록 만들어 버렸다.

2) 그러면서 그 죄로 말미암은 여호와 하나님의 심판을 말씀하고 있다. 뱀의 심판에 이어 여호와 하나님은 여자에게는 임신하는 고통,

남편과의 관계에서 주도권을 내주어야 하는 벌을 내렸다. 뿐만 아니라, 아담에게는 아담으로 말미암아 땅이 저주를 받고 평생 수고해야 그 소산을 먹을 수 있는 벌이 주어졌다. 얼굴에 땀을 흘려야 먹고 살 수 있다. 그것으로 끝나는 것이 아니라, 그 죄의 결과로 '너는 흙이니 흙으로 돌아갈 것이니라' 하셨다. 사람들은 반드시 죽는다는 것이다. 죄의 삯이 사망이라는 것이다.

3) 그런데 놀라운 것은 이러한 범죄와 심판의 과정에서도 하나님의 은혜가 여전히 있다는 사실이다. 범죄한 아담에게 하나님은 찾아오셔서 '아담아 네가 어디 있느냐'라고 하신 것이다. 여자에게는 '네가 어찌하여 이렇게 하였느냐'라고 하셨다. 그러면서 여호와 하나님은 '여자의 후손'이 뱀의 머리를 상하게 할 것이라고 하셨다. 사람들의 불순종과 범죄와 심판에도 불구하고 여전히 창조시에 주어진 복은 그대로 남겨져 있다는 것이다.

4) 뿐만 아니라, 아담은 여자를 '하와' 즉 '산 자의 어머니'라고 불렀다. 그리고 여호와 하나님은 사람들을 위해서 '가죽옷'을 지어 입히셨다. 사실 엄격하게 말하면 하나님은 사람을 저주하지는 않았다. 사람의 범죄 때문에 하나님의 저주를 받은 것은 뱀과 땅이다. 사람은 그 죄에 대한 심판을 받았을 뿐이다. 그러한 심판 가운데서 하나님의 놀라운 사랑을 발견하게 된다. 이렇게 창세기 3:15-21이 또 하나의 구조를 이루고 있다. 이것을 구조적으로 보면 다음과 같다.

- A 창 3:15 여호와 하나님의 약속 – 여자의 후손
- B 창 3:16-19 사람들(여자와 아담)에 대한 심판

- A' 창 3:20-21 여호와 하나님의 실행 - 가죽옷

5) 여기에서 아주 중요한 신학적 의미를 발견하게 된다. 그것은 '범죄-심판-은혜'라는 원리이다. 사람은 뱀의 유혹으로 하나님의 말씀을 어겨 범죄했다. 그러한 범죄에 대해 하나님은 철저히 심판하고 있다. 그러나 그러한 심판에도 불구하고 하나님은 또한 여전히 은혜를 베풀고 계신다. 아담과 하와를 위해 가죽옷을 지어 입히신 것이다. 그것도 무조건적인 은혜이다.

여호와 하나님이 이르시되 보라 이 사람이 선악을 아는 일에 우리 중 하나같이
되었으니 그가 그의 손을 들어 생명 나무 열매도 따먹고 영생할까 하노라 하시고

And the Lord God said, Behold, the man is become as one of us, to know
good and evil: and now, lest he put forth his hand, and take also of the tree of
life, and eat, and live for ever

창세기 3:22

12

에덴동산 추방

12 에덴동산 추방

성경 : 창세기 3 : 22 - 24

> **서론** 창세기 2:4-25은 창조에 대한 두 번째 기록이며, 에덴
> 동산에 대한 첫 번째 기록이다. 그리고 창세기 3:1-24
> 은 에 덴동산에 대한 두 번째 기록이다. 첫 번째 에덴동
> 산과 두 번째 에덴동산은 차이점이 있다. 가장 큰 차이점
> 은 첫 번째 에덴동산은 사람이 타락하기 이전이다. 그러
> 나 두 번째 에덴동산은 사람이 타락한 이후이다. 첫 번째
> 에덴동산은 철저한 하나님의 은혜의 역사만을 기록하고
> 있다. 두 번째 에덴동산은 뱀의 역사 즉 뱀의 유혹으로
> 말미암은 사람들의 범죄에 대해서 기록하고 있다.

1) 이어서 뱀과 사람들의 범죄에 대한 철저한 심판을 말씀하고 있다.

그러면서 죄는 뱀-여자-남자 순으로 진행되고, 죄의 고발은 범죄의
역순인 남자-여자-뱀의 순으로 진행되고, 죄의 심판은 고발의 역
순, 죄의 순서와 같이 뱀-여자-남자의 순서로 기록하고 있다.

2) 그러나 이러한 범죄에 대한 심판의 말씀만으로 끝나지 않는다.

그 심판의 말씀을 하시는 중에도 하나님의 은혜 베푸심을 말씀하고
있다. 여기에 아주 중요한 신학적 원리인 '범죄-심판-은혜'가 시작

되고 있다. 이러한 원리가 창세기 11장까지 이어지고, 그 이후에도 계속 이어지고 있다. 그러나 사사기에 가서 조금 변형이 일어나고 있다. 물론 그 이전에도 어느 정도 나타나지만, 보다 적극적으로 '범죄-심판-회개-은혜'의 구도가 나타나기 시작한다.

3) 죄에 대한 올바른 이해가 필요하다. 죄란 현실이며, 실제이다.

그렇다면 죄란 무엇인가? 크게 세 가지로 말씀할 수 있다. 첫째, 죄는 두려움을 가져온다. 둘째, 죄는 단절을 가져온다. 셋째, 죄는 책임 전가를 가져온다. 이러한 죄에 대해서 반드시 심판이 따른다. 첫째, 죄의 심판은 누구나 예외가 없다. 둘째, 죄의 심판은 고통과 수고가 따른다. 셋째, 죄의 심판은 관계를 파괴시킨다.

4) 또한 은혜에 대한 올바른 이해가 필요하다.

범죄와 심판 중에도 은혜를 베푸시는 하나님이시다. 그렇다면 하나님의 놀라운 은혜란 무엇인가? 크게 네 가지로 말씀할 수 있다. 첫째, 찾아오시는 하나님이다(창 3:8-9). 둘째, 사탄을 멸하시는 하나님이다(창 3:14-15). 셋째, 회복하시는 하나님이다(창 3:20). 넷째, 용서하시는 하나님이다(창 3:21). 하나님은 아담과 하와를 위하여 무화과나무 잎이 아닌 가죽옷을 입히셨다.

5) 창세기 3:22-24은 대단히 난해하다.

왜 여기에 이 말씀이 있는지 의문이 생기기도 한다. 차라리 3:22-

24의 말씀이 없다면, 훨씬 자연스러워 보인다. 3:21에서 4:1-2로 이어지는 것이 더 자연스럽게 연결된다. 하지만 3:22-24은 3장과 4장을 연결시키는 다리 역할을 하고 있다.

1. 에덴동산에서의 추방이다.

1) 창세기 2장에서 에덴동산을 창설하시는 하나님께서 이제 3장에서 에덴동산을 폐쇄하고 있다. 그러면서 창세기 3:22을 '보라'(הן)라는 감탄사로 시작하고 있다. 자, 봐라! 똑똑히 보라는 것이다. 하나님의 놀라운 탄식이 들어 있다. 선악과를 따먹음으로 사람이 선악을 알게 되었다는 것이다. 하나님께서는 분명히 사람이 선악과를 따먹지 않고 에덴동산에서 영원토록 행복하게 살기를 바라셨다. 그런데 사람은 뱀의 유혹에 넘어가 선악과를 따먹었다.

2) 창세기 3:5에서 "너희가 그것을 먹는 날에는 너희 눈이 밝아져 하나님과 같이 되어 선악을 알 줄 하나님이 아심이니라"라고 했다. 이 말씀 그대로 창세기 3:22에서 "…이 사람이 선악을 아는 일에 우리 중 하나같이 되었으니…"라고 한다. 여기 '아는 일'(לָדַעַת)이란 말씀은 '알다'(יָדַע)에서 전치사-칼 부정사 연계형이다. '야다'는 단순히 지적으로 아는 것이다. 그런데 '라다아트'(לָדַעַת)는 체험을 통해서 익숙해지는 것까지를 포함하고 있다. 아담과 하와는 하나님께서 창조시 부여하신 능력인 선을 알고 행하는 능력뿐만 아니라

선악과를 먹음으로 인하여 악에 대하여 깊이 알고 체험함으로써 익숙하게 된 것을 말씀하고 있다.

3) 아담과 하와는 얼마든지 선악을 알게 하는 나무를 제외하고 다른 나무 열매를 임의로 먹을 수 있었다. 생명나무 열매도 먹을 수 있었다. 죄가 시작되기 전, 에덴동산에서 생명나무의 열매를 먹고 영생할 수 있었다. 그러나 이제는 상황이 달라졌다. 사람이 선악을 알게 하는 나무의 열매를 따먹었기 때문에 반드시 죽어야 한다. 그 죽음의 불행한 상태에서 계속 생명나무의 열매를 따먹으면서 영생, 영원히 사는 것은 결코 바람직한 일이 못되는 것이다. 영원한 심판과 정죄와 형벌의 저주 아래 있는 것이다. 차라리 죽는 것보다 더 못한 고통과 비탄의 삶을 영원히 살게 되는 것이다.

4) 사실 죄에 대한 심판과 고통과 저주 속에서 영원히 사는 것은 진정한 의미에서 영생이라고 할 수 없다. 그것은 영원한 형벌이다. 때문에 인간이 죽지 못하고 사는 지옥의 삶을 영생이라고 하지 아니하고, 영원한 멸망이라고 부르는 것이다(살후 1:8-9).

5) 창세기 3:23에서 하나님께서는 에덴동산에서 그들을 내 보내신 것이다. 에덴동산에서 추방시켜 버린 것이다(창 3:24, 2:8, 2:15). 그것은 사람으로 하여금 영원한 멸망에 빠지지 않도록 하기 위한 하나님의 놀라운 사랑의 배려이다. 다른 말로 하면 구원받을 수 있는 기회를 주시기 위해서이다. 죄의 문제를 해결할 기회를 주시기 위해서이다. 죄는 하나님만이 해결할 수 있다. 또한 죽음을 통해서 해결할 수 있다.

2. 에덴동산을 지키심이다.

1) 하나님께서는 사람이 죄악의 굴레를 쓰고 불행한 상태로 영원히 사는 것을 막기 위하여 생명나무가 있는 에덴동산에서 내어 보내시는 방법을 택하신 것이다. 그것도 아주 단호하게 내 보내셨다. 이것을 통해 하나님의 두 마음을 보게 된다. 하나는 죄를 미워하시는 하나님의 거룩하심이다. 공의로우심이다. 또 다른 하나는 사람이 죄 가운데서 영원히 사는 것을 막으시려는 하나님의 사랑하심이다. 자비하심이다.

2) 여호와 하나님은 범죄한 사람을 에덴동산에서 내 보내시면서 '그의 근본이 된 땅을 갈게 하시니라'라고 말씀하고 있다. 여기 '갈게 하시니라'라는 말씀은 '아바드'(עָבַד)로 '일하다, 섬기다.'라는 뜻이다(창 2:5, 2:15). 에덴동산에서 내 보내신 목적이 바로 땅을 경작하기 위해서라는 것이다. 그것도 에덴동산에서 쫓아내셨다(창 3:24). 완전히 결별하게 하셨다. 그래서 하나님께서는 에덴동산에 들어가는 입구를 완전히 봉쇄하셨다. 아예 생명나무의 열매를 먹지 못하도록, 생명나무의 길을 지키게 하셨다.

3) 누구를 통해서 지키게 하셨는가? 바로 '그룹들'과 '두루 도는 불 칼을 두어' 지키게 하셨다. 여기 '그룹'은 보좌 곁에서 하나님을 시중들며(시 18:10, 80:1), 하나님의 명령을 받아 사람을 심판하는(겔 10:2-3) 역할을 하는 천사들을 가리키고 있다. 또한 불 칼, 즉 화염검을 가지고, 그것에 접근하면 목숨을 잃을 수밖에 없는 강력한 불

칼을 가지고 생명나무의 길을 철저히 지키고 있다.

4) 그 어떠한 수단으로도 사람이 에덴동산에 접근할 수 없도록 철저한 방법으로 에덴동산을 지킬 뿐 아니라, 범죄한 사람으로 하여금 생명나무의 열매를 먹고 영원히 살게 되는 불행을 근원적으로 막고 있다. 이 세상에서 영생할 수 있는 길이 완전히 차단당했다. 다시 말해 이 세상에서 생명을 영원히 누릴 수 없게 되었다. 그렇다면 이제 누구를 통해서 이 길을 여시는가

> **결론** 창세기 2:4-25은 범죄하기 전 첫 번째 에덴동산에 대해서 말씀하고 있다. 에덴동산을 창설하셨다. 하나님의 은혜의 역사로 최초로 하나님의 나라가 시작되었음을 말씀하고 있다. 그러나 창세기 3:1-24은 범죄한 후 두 번째 에덴동산에 대해서 말씀하고 있다. 뱀의 유혹으로 최초의 하나님의 나라가 파괴되었음을 말씀하고 있다. 에덴동산을 폐쇄하고 있다.

1) 에덴이라는 말은 기쁨, 즐거움이라는 뜻을 가지고 있다. 에덴동산은 하나님이 거하시는 낙원이었다. 하나님이 함께하시는 하나님의 임재, 즉 임마누엘 동산이었다. 에덴동산은 최초의 동산이었다. 에덴 자체가 성전이자, 하나님이 거하시는 장소, 성소였다(겔 28:13, 18).

2) 이러한 사실을 창세기 2-3장을 통해서 어떻게 알 수 있는가? 첫째

는 3:8에서 "그들이 그 날 바람이 불 때 동산에 거니시는 여호와 하나님의 소리를 듣고…"라고 한다. 에덴동산에 하나님께서 친히 강림하시어 거니셨다는 것을 통해 알 수 있다. 성막과 성전에 거하셨던 것과 같이 하나님께서 에덴동산에서 거니시고 계셨던 것이다(레 26:12, 신 23:15, 삼하 7:6-7). 그러므로 에덴동산은 하나님께서 강림하셔서 사람과 만나시고 교제하셨던 성소였다.

둘째는 창세기 3:24에서 "이같이 하나님이 그 사람을 쫓아내시고 에덴동산 동쪽에 그룹들과…"라고 한다. 에덴동산에서 생명나무의 길을 지키는 그룹들에 대한 언급이다. 성막에도 그룹 둘이 속죄소 위의 양 끝에 놓여 있었다(출 25:18-22). 뿐만 아니라 에덴동산 동쪽에 출구와 입구가 있었다는 것은 성막과 성전의 입구가 동쪽으로 되어 있는 것과 같다(겔 40:6).

셋째는 창세기 3:23에서 "여호와 하나님이 에덴동산에서 그를 내보내어 그의 근원이 된 땅을 갈게 하시니라"라고 한다. 에덴동산에서 내보낸 아담으로 하여금 땅을 갈게 하셨다. 창세기 2:15의 기록은 아담이 하는 일이 바로 성막을 지키며 관리하는 사역임을 나타내고 있다. 창세기 2:15에서 '경작하며 지키게 하시고'라면서 성막을 지키며 관리하는 레위인들의 사역을 말씀하고 있다(민 3:7-8, 8:26, 18:5-6).

넷째는 창세기 3:21에서 "여호와 하나님이 아담과 그의 아내를 위하여 가죽옷을 지어 입히시니라"고 한다. 여기 가죽옷을 지어 입히는 것은 제사장들을 위임할 때 모세가 그들에게 옷을 입히는 것과 같다(출 28:41, 29:8, 40:14, 레 8:13). 아담을 위한 제사장적 사역과 속죄 사상까지도 포함하고 있는 것이다.

다섯째, 창세기 3:22과 창세기 3:24에서 에덴동산의 '생명나무'가 원형적 성전이라는 사실을 시사해주고 있다(창 2:9, 2:10). 생명을 제 공해주시는 나무, 생명의 충만함이 바로 성전의 기본적인 특징인 희생 제사제도와 관련이 있다. 이외에도 생명수 강이 에덴동산에서 흘러 나오는 것(2:10, 겔 47:9, 12, 계 22:1-2)과 순금과 각종 보석들 (창 2:11-12, 출 25:11, 17, 24, 29, 36)이 전부 성전의 모습과 비슷하 다. 구조적으로도, 에덴-동산-바깥세상의 삼중으로 되어 있는데, 성 전 역시도, 지성소-성소-바깥뜰의 삼중으로 되어 있다. 창세기 1:1- 2:3의 엿새 동안의 천지 창조의 기록과 출애굽기 25-40장의 성막 건축의 기사는 병행하는 것으로 창조의 완성은 성막의 완성과 병행 한다는 것이다. 따라서 에덴동산은 원형적 성전이라는 사실이다.

3) 에덴동산은 생명나무와 에덴에서 흘러나오는 강을 통해서 사람 이 만족을 얻을 수 있었다. 안식을 누릴 수 있었다. 그런데 뱀의 유 혹으로 아담과 하와가 범죄함으로 말미암아 하나님께서 에덴동산 을 폐쇄하셨다. 하나님의 임재, 하나님과의 교제의 길을 완전히 막 아 버리셨다. 하나님은 그 범죄한 상태에서 생명나무 열매를 따먹 고 영생할까 봐 크게 우려, 염려를 하셨다. 그래서 여호와 하나님 은 아담과 하와를 위해서 아예 에덴동산에서 아담과 하와를 추방 하셨다. 아니 더 나아가서 에덴동산에 그룹들과 불 칼을 가지고 생

명나무의 길을 지키게 하셨다. 아예 에덴동산에 들어올 수 없게 만들어 버리셨다. 이렇게 에덴동산에 더 이상 들어갈 수 없도록 그룹들에게 지키게 하시고 철저히 폐쇄하셨다. 다시는 사람이 에덴동산에 들어 올 수 없도록 만들어 버리셨다.

4) 그럼 누가 과연 에덴동산에 다시 들어가 생명나무의 열매를 먹을 수 있도록, 폐쇄된 에덴동산을 열어 주실 것이냐는 것이다. 과연 어느 누가 다시금 깨어진 하나님과의 관계를 회복할 수 있느냐는 것이다. 누가, 언제 다시금 영생을 누릴 수 있는 길을 열어 놓을 수 있느냐는 것이다(창 3:15, 3:21, 신 18:15).

아담이 그의 아내 하와와 동침하매 하와가 임신하여 가인을 낳고 이르되 내가 여
호와로 말미암아 득남하였다 하니라
And Adam knew Eve his wife; and she conceived, and bare Cain, and said, I
have gotten a man from the Lord.
창세기 4:1

13

아담의 아들들

아담의 아들들

성경 : 창세기 4 : 1 - 8

서론 창세기는 열 개의 '톨레도트'(תּוֹלְדוֹת)로 이루어져 있다(창 2:4, 5:1, 6:9, 10:1, 11:10, 11:27, 25:12, 25:19, 36:1, 37:2). 열 개의 '톨레도트'(תּוֹלְדוֹת) 가운데 2:4-4:26은 제일 첫 번째 하늘과 땅의 '톨레도트'(תּוֹלְדוֹת)이다. 천지의 '톨레도트'(תּוֹלְדוֹת)이다. 그 이유는 2:4에서 "이것이 천지가 창조될 때에 하늘과 땅의 내력이니…"라고 하여 여기 '내력'이라는 말이 히브리어로 '톨레도트'(תּוֹלְדוֹת)이기 때문이다. 그리고 5:1-6:8은 두 번째 아담의 '톨레도트'(תּוֹלְדוֹת)이다. 5:1에서 "이것은 아담의 계보를 적은 책이니라…"라고 하면서 여기 '계보'라는 말이 히브리어로 '톨레도트'(תּוֹלְדוֹת)이기 때문이다. 그리고 6:9-9:29는 세 번째 노아의 '톨레도트'(תּוֹלְדוֹת)이다. 이렇게 계속 이어져 가면서 열 개의 '톨레도트'(תּוֹלְדוֹת)를 말씀하고 있다.

1) 그 중에 첫 번째 하늘과 땅의 '톨레도트'(תּוֹלְדוֹת)는 크게 세 부분으로 나눌 수 있다.

첫째는 창세기 2:4-25이다. 에덴동산의 첫 번째 기록이다. 둘째는 창세기 3:1-24이다. 에덴동산의 두 번째 기록이다. 셋째는 창세기 4:1-26이다.

2) 창세기 2장의 첫 번째 에덴동산과 창세기 3장의 두 번째 에덴동산은 서로 차이가 있다.

그것은 죄를 중심으로, 2장은 죄를 짓기 이전의 상황이고, 3장은 죄를 지은 이후의 상황이라는 차이이다.

3) 그렇다면 창세기 3장과 창세기 4장의 차이점은 무엇인가?

창세기 3장은 범죄하고 나서의 에덴동산에 대해서 말씀하고 있다. 범죄로 말미암아 에덴동산에서 아담을 추방했다. 에덴동산을 폐쇄했다. 그런데 창세기 4장은 그들이 에덴동산에서 쫓겨난 이후 에덴동산의 밖에 대해서 말씀하고 있다.

4) 따라서 창세기 2:4-3:24은 에덴동산 안에 대해서 말씀하고 있다면, 창세기 4:1-26은 에덴동산 밖에 대해서 말씀하고 있다.

그것도 추방 당하여 에덴동산 밖에서 살게 된 아담의 아들, 사람들이 일으킨 최초의 범죄 사건을 기록하고 있다. 에덴동산 밖에서 살게 된 사람들에게 처음으로 일어난 일은 형이 동생을 죽이는 살인 사건이다. 죄의 확산이다.

5) 창세기 2:4-3:24은 전 인류 중 첫 사람으로서 하나님으로부터 직접 지음 받았던 아담과 하와에 대한 말씀이었다.

그러나 창세기 4:1-26은 아담 이후의 세대들에 대해서 말씀하고 있다. 창세기 4:1-15은 아담의 아들들인 가인과 아벨에 대해서 말씀하고, 창세기 4:16-24은 가인의 자손과 라멕에 대해서 말씀하고, 창세기 4:25-26은 아담의 아들 셋과 에노스에 대해서 말씀하고 있다. 이렇게 아담의 족보, 가인의 족보, 셋의 족보에 대해서 말씀하고 있다.

1. 아담의 아들들인 가인과 아벨이다.

1) 에덴동산에서 쫓겨난 이후, 에덴동산 밖에서의 삶에 대해서 말씀하고 있다. 제일 먼저 하와는 아담과 동침하여 두 명의 아들을 낳았다. 첫째 아들의 이름은 '가인'이고, 둘째 아들의 이름은 '아벨'이다.

2) '가인'이라는 말은 창, 작살(삼하 21:16)이라는 주장도 있고, 대장장이, 금속 세공자라는 주장도 있지만 그 의미는 불확실하다. 하지만, 가인이라는 말은 바로 이어서 나오는 '얻다'란 말과 비슷한 말씀을 가지고 있다. 그래서 가인이라는 말은 세우다, 건립하다, 획득하다, 얻다라는 의미를 가지고 있다. 가인을 낳은 후에 하와는 '내가 여호와로 말미암아 득남하였다.'(창 4:1)라고 하였다.

3) 하나님께서는 아담과 하와가 비록 큰 죄를 지었음에도 불구하고 창조 시 주신 '생육하고, 번성하여 땅에 충만하라'(창 1:28)는 말씀과 아담이 그의 아내를 하와 즉 '모든 산 자의 어머니'(창 3:20)라고 한 대로 자식을 얻는 큰 은총을 베풀어 주셨다. 그리고 하와는 하나

님의 큰 축복으로 자식을 더 낳게 되었다. 4:1의 가인에 이어 4:2에서 아벨을 더하여 하나님의 복이 계속적으로 더해지고 있음을 말씀하고 있다.

4) 그런데 가인의 이름에는 설명이 있는데, '아벨'의 이름에는 아무런 설명이 없다. 그냥 가인의 아우 '아벨'을 낳았다고 하였다. 피와 살을 나눈 골육인 아우 아벨을 낳았다는 것이다. 여기 '아벨'이라는 말은 숨, 허무, 안개라는 뜻을 가지고 있다. 아마 그 이름 속에 그에게 다가올 어두운 운명의 그림자가 숨어 있다고 할 수 있다.

5) 이렇게 아담과 하와를 통해서 가인과 그 아우 아벨이 태어났음을 말씀하고 있다. 이어서 태어난 순서를 바꾸어 아벨을 먼저 말씀하셨다. 아벨은 양 치는 자였고, 그 다음 가인을 말씀하면서, 가인은 농사하는 자였다고 한다.

6) 4:3-5에서 '세월이 지난 후'라고 하면서 가인과 아벨이 각각 자신의 수고에 따라 힘써 일하고 생활했던 모든 날이 되었음을 말씀한다. 가인은 농사하는 사람으로 땅의 소산으로 제물을 삼아 여호와께 드렸다. 하지만 아벨은 양 치는 사람으로 양의 첫 새끼와 그 기름으로 여호와께 드렸다. 그런데 여호와께서 아벨과 그 제물을 열납하셨으나, 가인과 그 제물을 열납하시지 않았다(히 11:4).

2. 아담의 아들 중 가인의 살인이다.

1) 아담의 아들 가인과 아벨 중에 이제 가인에게 관심을 갖게 하고 있
   다. 가인에게 초점이 주어지고 있다. 4:5에서 가인은 자신의 제물
   이 열납되지 못한 사실과 동생 아벨의 제물이 열납 되어진 것에 대
   하여 심히 분하여 안색이 변했다고 한다.

2) 창세기 4:6-7에서 여호와 하나님이 아니라, 여호와께서 가인에게
   "네가 분하여 함은 어찌 됨이며, 안색이 변함은 어찌 됨이냐…"라
   고 말씀하셨다. 이제 아담의 아들들 가인과 아벨에서, 그 중심이
   가인으로 향하고 있다. 하나님께서 가인을 질책하시면서 '네가 선
   을 행하면'과 '선을 행치 아니하면'을 서로 대조하시면서 강한 부
   정을 통해 말씀을 더욱 강조하시고 있다. 이것은 단회적이 아니라
   지속되어진 말씀이다.

3) 하나님은 가인에게 '죄가 너를 원하나 너는 죄를 다스릴지니라'라
   고 말씀하고 있다. 가인에게 죄의 소원이 있다는 것이다. 죄를 지
   으려는 갈망이, 죄에 대한 동경심이 가득차 있다는 것이다. 4:8에
   서 가인은 동생 아벨을 죽임으로써 살인죄를 짓게 되었다. 이렇게
   하여 사람과 사람 사이에 최초의 살인의 죄가 시작되었다. 가인은
   자신의 제물이 하나님께 열납되지 않자, 시기와 분노가 일어났고,
   그 결과 제물이 하나님께 열납된 동생 아벨을 쳐죽인 것이다. 최초
   의 살인인 동시에 골육상잔의 비극을 낳고 말았다.

4) 이것은 창세기 3:21의 최초의 죽음이 사람을 위해 희생한 짐승의

죽음이었다는 사실과 극명한 대조를 이루고 있다. 하나님께서는 선악과를 범하고 수치에 떠는 아담과 하와를 위해서 정작 죽어야 할 사람들 대신에 이름 없는 짐승을 죽여 그 가죽으로 사람을 위한 옷을 만들어 입혀 주었다. 따라서 역사상 최초의 죽음이었던 그 짐승의 죽음은 거룩한 희생의 죽음이었다. 그러나 가인에 의한 아벨의 죽음은 다르다. 시기와 분노로 인하여 형제를 죽이고, 형제 손에 죽는 최초의 살인이었다. 따라서 이것은 하나님의 선하심과 사람의 악함을 선명히 대조시켜 주고 있다. 뿐만 아니라, 그 누구도 예외 없이 죄인으로 전락한 사람들의 사회에 세상 끝날까지 이어질 혼란의 서곡이기도 하다.

> **결론** 창세기 3:22-24은 창세기 3장과 창세기 4장을 연결해 주는 아주 중요한 다리 역할을 하고 있다. 3:21의 말씀이 곧바로 4:1 말씀으로 자연스럽게 이어질 수도 있다. 그런데 창세기 3:22-24의 말씀을 중간에 기록하고 있다. 그것도 에덴동산에서 아담이 추방당한 것을 말씀하고 있다. 뿐만 아니라, 에덴동산이 완전히 폐쇄되었음을 말씀하고 있다. 아담과 하나님과의 교제가 완전히 단절된 영적 죽음, 영원한 죽음을 말씀하고 있다. 뿐만 아니라 에덴동산에서 추방당한 사람으로 하여금 땅을 갈게 하고 있다(창 2:5, 15). 범죄하기 전에 에덴동산에서 하던 그 사명을 범죄한 이후에도 그대로 하고 있다. 그러면서 막히고, 닫힌 에덴동산이 다시 열리는 날을 고대하게 하고 있다.

1) 에덴동산은 최초의 하나님의 동산, 성소, 성전의 원형이다(겔 28:13, 18). 그럼 깨어진 하나님과의 관계를 누가 회복시켜 줄 수 있는가? 추방당한 에덴동산에 누가 다시 들어가게 해 줄 수 있는가? 닫힌 에덴동산을 열어줄 자가 누구인가? 폐쇄된 에덴을 다시 회복할 자 누구인가? 바로 메시아 되신 우리 주 예수 그리스도이시다. 예수 그리스도께서 십자가의 죽으심을 통해서 성소의 휘장이 찢어짐으로 하나님과의 관계를 회복시켜 주셨다. 또한 예수 그리스도께서 부활하심으로 막혀 있던 돌무덤을 활짝 열고 생명의 길, 영생의 길을 열어 놓으셨다.

2) 창세기 4:1-8은 한 마디로 에덴동산 밖에 대해서 말씀하고 있다. 에덴에서 쫓겨나고, 추방당하여 에덴동산에 접근조차 할 수 없는 아담과 하와에 대해서 말씀하고 있다. 에덴동산 밖에서도 하나님을 예배해야 한다는 것이다. 에덴동산 밖으로 추방당하면, 그것으로 끝이 아니다. 에덴동산 밖에서도 여전히 하나님의 피조물로서 창조주 하나님을 경외해야 한다는 것이다. 그러니까 아담과 하와는 성전의 원형인 에덴동산 안에서만 하나님을 예배하는 것이 아니라, 에덴동산 밖에서도 하나님을 예배해야 한다는 것이다.

3) 에덴동산 밖에서도 여전히 피조물로서 창조주 하나님을 경외해야 하는데, 에덴동산 밖에서 드려지는 예배에는 크게 두 부류가 있음을 말씀하고 있다. 하나님을 향하여 전혀 다른 태도를 가진 서로 다른 두 계보를 말씀하고 있다. 아담과 하와의 같은 아들들이지만, 서로 다른 두 아들이 있다. 형인 가인이 있고, 아우인 아벨이 있다.

둘 다 똑같이 하나님께 제사를 드리지만, 하나님께서 열납하시는 제사를 드리는 자가 있고, 하나님이 열납하지 않는 제사를 드리는 자가 있다는 것이다.

4) 형인 가인과 동생 아벨의 서로 다른 제사의 구분은 결국 영원히 서로 다른 운명의 시작이 되었다. 이것은 하나님이 가인과의 대화를 통해서 말씀하고 있다. 가인의 제사의 실패로 인하여 형제를 시기하게 되고, 결국 형제를 죽이는 최초의 살인 사건이 벌어졌다는 것이다. 따라서 이렇게 예배에 실패하고 나면 죄를 짓게 된다는 것이다. 예배의 실패가 예배의 실패로 끝나는 것이 아니라, 예배의 실패는 하나님과의 관계를 파괴하는 것뿐만 아니라, 형제와의 관계까지 파괴하는 결과를 가져온다는 것이다. 아버지 아담의 범죄가 이제는 아들 가인이 동생 아벨을 시기하여 결국 죽이는 최초의 살인죄, 골육상잔이라는 실로 끔찍한 결과를 가져오게 만들고 있다.

5) 아담의 불순종으로 세상에 유입된 죄는 가인에 의해 형제 살인이라는 무서운 결과를 낳고 말았다. 결국 죄는 한 가정을 파괴하고, 형제의 관계를 파괴하고 있다. 이렇게 죄는 수직적으로 하나님과의 관계를 파괴하고, 수평적으로는 형제와 이웃과 가정을 파괴하게 되는 것이다. 결국 이것은 예배와 직결되는 것이다. 올바른 예배를 드려야 할 이유가 바로 여기에 있다. 그래서 예배에 성공하는 자가 인생도 성공하는 것이다. 반대로 예배에 실패하는 자는 자기 인생도 반드시 실패하게 되어 있다.

여호와께서 가인에게 이르시되 네 아우 아벨이 어디 있느냐 그가 이르되 내가 알
지 못하나이다 내가 내 아우를 지키는 자니이까
And the Lord said unto Cain, Where is Abel thy brother? And he said, I know
not: Am I my brother's keeper?
창세기 4:9

14

가인의 표

14 가인의 표

성경 : 창세기 4 : 9 - 15

> **서론** 창세기 2:4-3:24은 에덴동산에 대해서 말씀하고 있다. 여호와 하나님께서 에덴동산을 창설하시고(창 2:8), 지으신 사람을 이끌어 에덴동산에 두어 경작하며 지키게 하셨다(창 2:15). 이렇게 최초로 에덴동산이 세워지게 되었다. 최초로 하나님의 나라가 시작되었다. 그런데 3장을 시작하면서 이렇게 세워진 에덴동산에서 최초로 죄가 시작되었다. 죄가 들어왔다. 그 범죄로 말미암아 에덴동산이 폐쇄되었다(창 3:23-24). 최초로 세워진 하나님의 나라가 파괴되었다. 그래서 아담과 하와를 에덴동산에서 내보내셨다. 쫓아내셨다. 아예 에덴동산에 들어오지 못하도록 그룹들과 불 칼을 가지고 지키게 했다. 이렇게 하여 하나님과 사람과의 관계가 완전히 파괴되었다.

1) 그럼 창세기 4:1-26은 무엇을 말씀하고 있는가?

에덴동산 밖의 아담과 하와와 그 후손들에 대해서 말씀하고 있다. 창세기 4:1-8은 아담의 아들들인 가인과 아벨의 서로 다른 드림을 말씀하고 있다. 둘 다 똑같이 아담과 하와의 아들로서 여호와 하나님께 그 제물을 드렸지만, 가인과 그 제물은 열납하지 않으시고, 아벨과 그 제물만 열납하셨다. 그 결과 가인은 몹시 분하여 안색이 변하였다.

2) 그런 가인에게 여호와께서 찾아오셔서 '네가 분하여 함은 어찌 됨이며, 안색이 변함은 어찌 됨이냐' '죄가 너를 원하나 너는 죄를 다스릴지니라'라고 하셨다.

그러나 가인은 살인을 저지르고 말았다. 들에 있을 때에 가인이 그의 아우 아벨을 쳐죽였다. 이로써 최초의 살인죄가 시작되었다. 하나님과의 관계 파괴가 결국 사람과 사람의 관계까지도 파괴하게 만들고 있다. 결국 죄로 인하여 수직적 관계와 수평적 관계가 다 깨어지고 있다.

3) 그런데 창세기 3장과 4:1-15이 구조적으로 평행을 이루고 있다.

가인이 아벨을 죽이고 쫓겨난 일을 기록하고 있는 4:1-15의 말씀은 그 문체와 구조와 전개 순서가 에덴동산에서 거하다가 쫓겨난 아담과 하와에 대한 기록과 비슷하다. 이것을 도표로 보면 다음과 같다.

	창세기 3장	창세기 4:1-15
범죄의 내용	선악과를 따먹음	동생 아벨을 죽임
범죄의 적발	'아담아 네가 어디 있느냐?'	'네 아우 아벨이 어디에 있느냐?'
하나님의 심판	에덴에서의 추방	땅에서 유리하는 자가 됨
하나님의 은혜	가죽옷	가인의 표

4) 3장과 4장에서 사용되는 단어와 주제들도 공통점을 가지고 있다.

하나님의 질문(창 3:9과 4:9, 3:13과 4:10), 아담이 하나님의 음성을 들은 것처럼 하나님께서 땅의 울부짖음(음성)을 들으심(창 3:10과 4:10), 아담과 하와와 땅이 심판을 받은 것처럼 가인과 땅이 심판을 받은 일, 쫓겨 가는 아담과 하와에게 가죽옷을 입히셨던 것처럼 떠나가는 가인에게 보호의 증표를 주신 일, 아담과 하와가 에덴동산에서 쫓겨난 것처럼 가인이 쫓겨난 일 등이 서로 비슷하다.

5) 아담과 하와에 대한 말씀에서 그들이 죄를 지은 3:6-8이 분기점이었다면, 가인과 아벨에 대한 말씀에서는 가인이 아벨을 죽이는 4:8이 하나의 분기점이라고 할 수 있다.

가인이 동생 아벨을 죽이고 난 이후에 여호와 하나님과 가인과의 대화가 세 차례 이루어지고 있다.

1. 가인의 답변이다.

1) 4:9에서 먼저 여호와께서 가인에게 말씀하신다. 또 한 번 하나님의 은혜와 사랑을 발견하게 된다. 그것도 범죄한 후에 말이다.

2) 여호와께서 가인에게 그것도 아우 아벨을 쳐 죽인 후에 '네 아우 아벨이 어디 있느냐?'라고 질문하셨다. 이것은 마치 창세기 3장에서 최초로 범죄한 아담에게 친히 찾아오셔서 "네가 어디 있느냐"(창 3:9)라고 물으셨던 것과 비슷하다.

- 아담에게 '네가 어디 있느냐?'라고 질문하셨다. 수직적으로 하나님 앞에서 지금 너의 모습이 어떠하냐는 것이다.
- 가인에게 '네 아우 아벨이 어디 있느냐?'라고 질문하셨다. 수평적으로 형제와의 관계, 이웃과의 관계가 어떠하냐는 것이다.

3) 이러한 여호와의 질문에 가인이 대답한다. 4:9에서 "…내가 알지 못하나이다 내가 내 아우를 지키는 자니이까?"라고 한다. 이것을 다르게 말하면 '내가 내 아우를 지키는 목자인가?'라는 말이다. 이러한 가인의 행동을 통해 죄의 빠른 확산에 놀라움을 금할 수 없다.

4) 창세기 4:10에서 여호와께서는 가인에게 두 번째로 질문하신다. '네가 무엇을 하였느냐?' 이것은 가인으로 하여금 자신이 범한 죄가 무엇이며 얼마나 큰 것인지를 깨닫게 하기 위한 질문이다. 사람의 행동과 결과의 중요성을 말씀한다.

5) 창세기 4:11-12은 한 마디로 가인의 죄에 대한 하나님의 심판이다. 하나님의 징벌이다. 우리말 개역개정에는 생략되어 있지만, 원문은 창세기 4:11을 시작하면서 '그리고 지금…'(וְעַתָּה)이라는 말씀으로 시작하고 있다. 가인이 분명히 아벨을 쳐죽였지만 아벨은 죽지 않고 살아 있다. 지상에서는 죽었지만, 천상에서는 살아 있다. 아벨의 핏소리가 땅에서부터 하나님께 호소하고 있다고 하셨다.

6) 또 가인은 살인죄를 지었는데도 역시 죽지 않고 살아 있다. 지상에서 여전히 살아 있다. 그러나 가인은 죄 없는 아벨의 피를 땅에 흘

려 땅을 더럽게 만들었으므로 그 땅으로부터 저주를 받게 된다. 가인이 아무리 수고해도 땅으로부터 어떠한 효력도 얻을 수 없다. 땅이 그것의 소출을 내기를 거부하는 것이다. 가인은 그 땅에 거주할 수 없어 도피하고 유리하는 자가 되어야 한다. 따라서 가인의 심판은 한마디로 기존의 모든 관계로부터 단절을 의미하는 것이다.

7) 여기서 우리는 창세기 3장과 4장의 심판을 한번 비교해 볼 필요가 있다. 3장의 심판은 하와가 임신하는 고통을 당하고, 아담은 수고하고 땀 흘려야 했으나 그 대가로 땅의 소산을 먹을 수 있었다(창 3:17, 19). 그러나 4장의 심판은 가인이 아무리 수고를 해도 땅의 소산을 얻을 수 없게 되었다. 따라서 3장보다 4장에서 가인에게 내려진 저주와 심판이 그 강도가 한층 더 강화되어 있다.

2. 가인의 항변이다.

1) 이러한 하나님의 심판에 대해서 가인은 4:13에서 하나님께 아뢰고 있다. 가인이 자신의 죄를 솔직하게 시인하고 진정으로 회개하는 내용으로는 볼 수 없다. 오히려 하나님이 내린 벌이 너무 엄중하여 자신이 감당하기 어렵다는 점만을 항변하는 것에 지나지 않는다.

2) 가인은 '내 죄벌이 지기가 너무 무거우니이다'라고 한다. 자신이 지기에는 벌이 너무 크다는 것이다. 한마디로 하나님의 엄청난 형

벌에 대한 불평이다. 또한 이것을 조금이라도 감해 보려는 얄팍한 인간적인 술수이다.

3) 4:14를 우리말 개역개정은 '주께서'라고 시작하고 있지만, 원문은 '주께서'가 아니라, '당신께서'라는 의미이다. 또 우리말 개역 개정은 아예 번역하지 있지만, 원문은 '헨'(הן)으로 시작하고 있다. '보소서'라는 감탄사이다. '보소서'란 가인이 하나님 앞에서 자신에게 내린 벌이 너무 과하다는 것을 나타내는 말이다.

4) 가인은 '보소서 당신께서 오늘 이 지면에서 나를 쫓아내시온즉' 이라고 하면서, 범죄한 당일에 바로 찾아오셔서 즉각적으로 형벌을 선언하시는 하나님에 대하여 섭섭한 감정을 드러내고 있다. 이제 죄를 지음으로 에덴동산에서 일차 쫓겨난 그곳에서, 재차 죄를 지음으로 그곳에서 더 멀어지는 비극을 초래하게 되었다는 것이다.

5) 뿐만 아니라, '내가 주의 낯을 뵈옵지 못하리니'라고 한다. 하나님의 얼굴 즉 하나님의 따뜻한 사랑과 관심에서 이제부터 앞으로도 계속 숨겨질 것이라는 것이다. 하나님의 관심을 받지 못하며 하나님의 은총에서 벗어나게 될 것이라는 것이다. 4:12에서 여호와께서 말씀하신 것을 4:14에서 가인이 다시 한 번 말하고 있다.

6) 이러한 가인의 항변에 대해 여호와 하나님께서 답변하신다. 4:15에서 하나님께서는 '그렇지 않다'(לכן)라고 하시면서 가인의 말을 아주 강하게 부정하시고 있다. 하나님께서 가인을 죽도록 그냥 내버려 두시는 것이 아니라, 오히려 보호하시겠다는 자비로운 의지

가 아주 명료하게 나타나고 있다. 절대로 그런 일이 없다는 것이다. 오히려 '가인을 죽이는 자는 벌을 7배나 받으리라'라고 하신다. 7은 꼭 이루신다는 의미이다. 7일간 천지 창조를 이루셨듯이 반드시 그렇게 하시겠다는 것이다.

7) 그러면서 '가인에게 표(אות)를 주사'라고 한다. 그것도 죽임을 당하지 않도록 가인에게 표를 주셨다는 것이다. 사실 해석하기 상당히 어려운 문제이다. 여기 '표'(אות)라는 말씀은 기호, 징조, 표적, 이적 등을 의미한다(민 2:2, 사 8:18, 신 4:34). 가인의 표는 인간적인 공로는 전혀 없는 하나님의 초자연적인 역사로 주어진 것을 말씀하고 있다. 아담과 하와를 위한 가죽옷의 의미와 같이 '표'도 자신의 죄와 하나님의 자비를 동시에 생각나게 하는 것 같다. 죽이려 하는 자들로부터 자신을 보호하고, 또한 계속해서 일어날 수 있는 피의 보복, 복수를 방지하려는 의미가 함께 있다. 여기에 '표'는 하나님의 은혜적인 면이 더 강조되고 있는 것 같다. 이렇게 가인의 항변으로 시작하여 하나님의 답변으로 끝이 난다.

결론 창세기 3:22-24은 대단히 중요한 말씀이라고 했다. 왜냐하면 3장과 4장을 연결시켜 주는 다리 역할을 하기 때문이다. 3장의 에덴동산 안에서 최초의 범죄가 시작되었다. 범죄한 아담에게 하나님이 찾아가셔서 '네가 어디 있느냐'고 질문하셨다(창 3:9). 하나님과의 관계에 대해서 질문을 했다. 그러나 아담은 회개할 줄 몰랐다. 아담은 하나님 핑계, 여자 핑계, 여자는 뱀의 핑계를 대었다. 그리하여 뱀에게는 저주가 여자와 아담에게는 심판이 선언되었다. 그럼에도 불구하고 창세기 3:15에서 '여자의 후손'을 말씀했다. 또 창세기 3:20에서 '하와' 즉 '모든 산 자의 어머니'라고 했다. 그리고 창세기 3:21에서 아담과 하와를 위해서 '가죽옷'을 지어 입히셨다. 하나님의 은혜에 대해서 말씀했다. 하지만 하나님은 범죄한 상태에서 생명나무의 실과를 따먹고 영생하는 더 비참한 상황을 방지하기 위해서 결국 에덴동산에서 아담과 하와를 쫓아내셨다. 그리고 에덴동산이 폐쇄되었다. 그러면서 3장에서 아주 중요한 신학적 원리를 말씀하고 있다. 그것은 바로 범죄-심판-은혜라는 원리이다.

1) 그렇다면 4장은 무엇을 말씀하고 있는가? 먼저 4장을 구조적으로 보면 다음과 같다.

- A 창 4:1-5 가인과 아벨의 출생과 제사
- B 창 4:6-7 여호와와 가인의 대화
- C 창 4:8 가인이 아벨을 죽임
- B' 창 4:9-14 여호와와 가인의 대화

- A' 창 4:15 가인에게 표를 주심

2) 이러한 4장은 에덴동산에서 추방당한 아담과 하와의 에덴동산 밖에서의 삶을 말씀하고 있다. 여기에서 에덴동산 안이나 에덴동산 밖이나 동일하게 하나님의 은혜가 주어지고 있음을 말씀하고 있다.

3) 아담과 하와가 동침하여 아들 가인을 낳았다. 그리고 가인의 동생 아벨을 낳았다. 세월이 지난 후, 가인과 아벨이 하나님께 제사를 드렸는데, 가인의 제사는 열납하지 않으시고, 아벨의 제사는 열납하셨다. 그 결과 가인은 동생 아벨을 쳐 죽이게 되었다. 이로써 에덴동산 밖에서 최초의 살인죄가 시작되었다. 아담의 아들들 중에서 가인이 동생 아벨을 쳐죽였다.

4) 그럼에도 불구하고 하나님께서 가인을 찾아와서 회개할 기회를 주시고 있다. '네 아우 아벨이 어디 있느냐'라고 하셨다(창 4:9). 형제 즉 이웃과의 관계에 대해서 말씀하셨다. 또 '네가 무엇을 하였느냐'고 했다(창 4:10). 가인이 한 행동에 대해서 말씀하셨다. 그것도 하나님은 두 번이나 질문하셨다. 하지만 가인은 뻔뻔한 거짓말을 하면서 완악했다. '내가 알지 못하나이다 내가 내 아우를 지키는 자이니까'라고 했다(창 4:9). 그 결과 하나님께서 가인에게 저주와 심판을 선고하셨다. '네가 땅에서 저주를 받으리라'라고 하셨다. 또 '네가 밭을 갈아도 땅이 다시는 그 효력을 네게 주지 아니할 것이라'라고 하셨다. 그 결과 '너는 땅에서 피하여 유리하는 자가 되리라'라고 하셨다.

5) 그러면서 하나님의 벌, 심판이 무엇인지를 가르쳐주고 있다. 죽이지 않고, 그냥 살려두는 것이다. 고통 가운데, 파괴된 관계 가운데 그냥 지내도록 내 버려두는 것이다. 용서 받지 못한 상태에서 종신형을 살게 하는 것이다.

6) 이러한 하나님의 심판에 대해서 가인은 항변했다. 이렇게 항변하는 가인에게 하나님께서는 '그렇지 않다'라고 하시면서 '표'를 주셨다. 일종의 언약의 표시이다. 이것이 죄인을 향한 놀라운 하나님의 은혜이다. 이러한 사실을 통해서 알 수 있는 것은 3장과 4장은 아주 중요한 신학적 원리가 동일하다는 것이다. 그것은 바로 범죄-심판-은혜라는 원리이다. 그럼 왜 한 번도 아니고, 3장에 이어서 4장에서 또 말씀하시면서 두 번이나 연속적으로 말씀하고 있는가? 이것은 이러한 중요한 신학적 원리는 거짓이 아니라, 진리라는 것이다. 사실이라는 것을 확실하게 증거해 주는 것이다. 이 세상에서 오직 나를 지켜 줄 표는 예수 그리스도의 십자가 흔적이다. 십자가 보혈의 피이다.

가인이 여호와 앞을 떠나서 에덴 동쪽 놋 땅에 거주하더니

And Cain went out from the presence of the Lord, and dwelt in the land of

Nod, on the east of Eden.

창세기 4:16

15

가인의 후손과 라멕

15 가인의 후손과 라멕

성경 : 창세기 4 : 16 – 24

서론 창세기 3장과 4:1-15은 구조적으로 평행을 이루고 있다. 둘 다 동일하게 인간의 죄에 대해서 말씀하고 있다. 차이가 있다면, 3장이 하나님께 대한 아담과 하와의 범죄를 수직적 관계에서 말씀하고 있다면, 4:1-15은 가인이 동생 아벨을 죽인 살인죄를 수평적 관계에서 말씀하고 있다. 3장이 깨어진 부부 공동체의 모습을 말씀하고 있다면, 창세기 4:1-15은 깨어진 혈연의 공동체의 모습을 말씀하고 있다.

1) 3장이 선악과를 따먹은 죄로 인해 아담과 하와의 부부 관계가 지배와 종속의 계급적 관계로 변화된 것을 말씀하고 있다면, 창세기 4:1-15은 일방적인 미움과 시기로 인해 급기야 형이 동생을 살해함으로 인간관계가 가장 비극적인 결말에 도달하게 되었음을 말씀하고 있다.

뿐만 아니라, 둘 다 동일한 방식으로 말씀을 전개하고 있다. '인간의 범죄-발각(적발)-하나님의 심판-하나님의 은혜'의 순서로 말씀하고 있다. 이것을 구조적으로 보면 다음과 같다.

	창세기 3장	창세기 4:1-15
범죄의 내용	선악과를 따먹음	동생 아벨을 죽임
범죄의 적발	'아담아 네가 어디 있느냐?'	'네 아우 아벨이 어디에 있느냐?'
하나님의 심판	에덴에서의 추방	땅에서 유리하는 자가 됨
하나님의 은혜	가죽옷	가인의 표

2) 3장에서 하나님은 선악과를 따먹은 아담과 하와를 찾아가 '아담
아 네가 어디 있느냐'라고 물으셨다.

이 질문은 하나님과 사람 사이의 수직적 관계에 대한 신앙적 질문
이다. 마찬가지로 창세기 4:1-15에서 하나님은 동생을 살해한 가인
에게 찾아가 '네 아우 아벨이 어디 있느냐?'라고 물으셨다. 이 질문
은 사람과 사람 사이의 수평적 관계에 대한 사회적 질문이다.

3) 3장에서 하나님은 아담과 하와를 향해 심판하셨다.

하와에게는 잉태하는 고통, 아담에게는 얼굴에 땀을 흘려야 먹을
것을 먹도록 심판하셨다. 그러나 4:1-15에서 하나님은 가인에게 밭
을 갈아도 땅이 다시는 그 효력을 주지 아니하며, 땅에서 피하여 유
리하는 자가 되도록 심판을 하셨다.

4) 3장에서 하나님은 선악과를 따먹은 아담과 하와를 위하여 '가죽
옷'을 지어 입히셨다.

짐승의 희생을 통해서 가죽옷의 은혜를 베풀어 주셨다. 그러나 창

세기 4:1-15에서 하나님은 살인한 가인에게 '표'를 주셨다. '나를 만나는 자마다 나를 죽이겠나이다'라는 죽음에 대한 공포, 두려움 가운데 있는 가인에게 표를 주셔서 모든 사람에게 죽임당할 것을 면하게 해주셨다. 가인을 철저히 보호해주시는 은혜를 베풀어 주셨다.

5) 따라서 3장이나 창세기 4:1-15이나 둘 다 동일하게 하나의 신학적 원리를 말씀하고 있다.

그것은 바로 '범죄-심판-은혜'라는 원리이다. 그것도 한 번도 아니고, 3장에 이어 4장에서도 연속적으로 말씀하고 있다. 이를 통해서 이러한 중요한 신학적 원리는 거짓이 아니라, 진리라는 것을 말씀하고 있다. 하나님께서 반드시 이루시는 확실한 진리임을 드러내고 있다.

1. 가인과 그 후손들이다.

1) 창세기 4:16을 시작하면서 우리말 개역개정에는 접속사 '와우'가 번역되어 있지 않다. 그러나 원문에는 곧바로 이어지는 행동을 의미하는 '와우 계속법'이 사용되고 있다. 그러니까 여호와께서 살인 죄를 저지른 가인을 보호해 주시고, 모든 사람에게 죽임당할 것을 면하게 해주신다는 언약의 표시를 주시자, 곧바로 가인이 여호와 앞을 떠나간 것이다. 그리고 여호와의 얼굴을 피해 에덴 동쪽 놋

땅에 거주했다.

2) 이것은 창세기 3:23-24의 아담의 경우와 차이가 있다. 아담은 에
덴동산에서 쫓겨났다. 추방을 당했다. 생명나무의 열매를 따먹고
영생할까 봐 여호와 하나님이 에덴동산에서 아담을 내보내셨다.
아담이 에덴동산에서 나가고 싶어서 나간 것이 아니라 하나님께
서 아담을 쫓아내셨다. 그러나 가인은 자기 스스로 여호와의 낯을
피하여 떠나 에덴 동쪽 놋 땅에 거주했다. 동생을 죽이는 흉악한
살인죄를 저질렀음에도 불구하고 하나님으로부터 생명의 안전을
보장받은 가인이 이처럼 여호와의 낯을 피하여 급하게 떠나갔다.
가인 스스로 하나님을 떠난 것이다. 이것을 통하여 죄악에 물든 가
인의 완악함을 볼 수 있다. 하나님께서 베푸시는 은혜와 관계없이
그저 하나님으로부터 벗어나려는 죄의 속성이 있음을 알 수 있다.

3) 여기서 언급한 '놋'이 어딘지는 정확하게 알 수 없다. 그러나 '놋'이
라는 말은 도망하다, 떠돌다, 탄식하다라는 말이다. 놋이란 '유리,
방황, 요동'이라는 뜻으로 '기쁨, 환희'를 의미하는 에덴과 대조되
는 도망과 추방의 땅임을 암시해 주고 있다. 창세기 4:12와 창세기
4:14에서 '유리하는 자'를 두 번이나 반복하면서, 가인이 하나님의
낯을 피해 도망하여 기쁨이 없는 탄식의 삶을 살았다는 것을 강조
하고 있다. 가인은 늘 방황하며 불안한 삶을 살았다는 것이다.

4) 가인은 놋 땅에 거주하면서 에녹을 낳았다. 에녹이란 '봉헌하다,
사용하기 시작하다, 낙성식을 행하다, 가르치다'라는 의미이다. 그
러면서 창세기 4:18에서 "에녹이 이랏을 낳고 이랏은 므후야엘을

낳고 무후야엘은 므드사엘을 낳고 무드사엘은 라멕을 낳았더라"
라고 간략하게 가인의 후손을 나열하고 있다. 이렇게 가인의 후손
이 늘어나는 것은 죄가 계속 확대 재생산되는 과정으로, 인간 초기
역사가 암울하였다는 것을 보여주고 있다.

5) 창세기 4:17에서는 "가인이 성을 쌓고 그의 아들의 이름으로 성을
이름하여 에녹이라 하니라"라고 말씀한다. 우리말 개역개정은 에
녹이 성을 쌓은 것이 아니라, 가인이 성을 쌓았다고 한다. 그러나
원문은 "에녹이 성을 쌓았으며 그 자신의 이름을 따라 그 성의 이
름을 에녹이라고 불렀다"라고 한다. 주어가 가인이 아니라, 에녹
이다. 그에 따라 도시를 건설한 주체는 에녹이라고 말씀하고 있다.
그러나 가인에서 에녹으로 넘어가는 과정으로 보면, 가인과 에녹
이 모두 가능하다. 여기 성을 쌓았다는 것은 완성을 의미하는 것이
아니라, 와우 계속법으로 미완료형이기 때문에 성을 쌓기 위해서
치밀한 계획을 세우고, 차근차근 계속하여 쌓아가고 있음을 의미
하고 있는 것이다.

6) 가인은 성을 쌓고 아들의 이름을 따라 에녹성이라고 했다. 하나님
의 도우심 없이 스스로 자신을 보호하겠다는 것이다. 그래서 가인
은 자기의 힘으로 자신을 안전하게 지키고 보호하기 위해 성을 쌓
으면서 참 평안을 추구하고 있다. 또한 성 이름을 아들의 이름을
따라 지은 것은 인간의 이름을 대대로 전하겠다는 것으로 인본주
의적 발상에서 나온 것이다. 이렇게 가인은 하나님 없는 인본주의
적인 삶을 추구하고 있다.

2. 가인의 후손 라멕이다.

1) 가인은 하나님을 떠나 에녹을 낳고, 에녹성을 건설했다. 에녹은 이랏을 낳았다. '이랏'이란 은퇴하다, 또는 성과 도시를 의미한다. 따라서 이랏은 도망자, 도피자를 의미한다. 가인과 마찬가지로 그 역시 사람들에 대하여 공포심을 가지고 땅을 유리하는 자였다고 볼 수 있다. 또한 성과 도시를 의미하는 것으로 생각한다면 상당한 문화를 향유하며 도시에서 생활하는 세련된 사람이었다고 볼 수 있다.

2) '므후야엘'이란 도말하다, 쓸어버리다란 뜻을 가지고 있는 말에다 엘을 첨가하여 하나님으로부터 치심을 받은 자라는 뜻이다. 이렇게 부정적인 뜻을 가질 수도 있지만 또한 긍정적인 의미로 하나님으로부터 깨끗함을 입은 자라는 뜻도 가질 수 있다. '므드사엘'이란 장성한 사람이라는 말에 엘을 첨가하여, 하나님의 강한 사람, 하나님의 사랑이라는 뜻을 가지고 있다. '라멕'이란 강한 자, 젊은 자란 뜻으로, 왕이라는 뜻을 가진 '멜레크'와 동일한 철자이나 순서가 다르다.

3) 여기까지는 가인의 후손들을 아주 간단하게 누가 누구를 낳았다고 하면서 거의 이름만 나열하고 있다. 그런데 라멕에 와서는 좀 다르다. 창세기 4:20에서 라멕의 후손을 말하기 전에 창세기 4:19에서 두 아내를 맞이하였다는 말을 먼저 하고 있다. 하나의 이름은 '아다'요 또 하나의 이름은 '씰라'이다. 이때부터 최초로 일부이처

제가 시작되고 있다. 지금까지는 일부일처제였다(창 2:18-24). 그런데 라멕에 와서는 일부일처제에서 일부다처제가 시작되고 있다.

4) 라멕이 두 아내를 취한 이유는 먼저 안목의 정욕 때문이다. '아다'란 이름은 단장하다, 아름답다란 의미에서 나왔다. '씰라'란 이름은 '그림자', '딸랑거리는 자', '악기를 다루는 자' 등의 뜻을 지녔다. 아다는 몸 단장에 많은 시간과 정성을 쏟은 허영심이 있는 여인이었고, 씰라는 인간의 귀를 즐겁게 하는 자로서 악기를 잘 연주하거나 아부를 잘 하는 여인이었다. 그래서 라멕은 이러한 여인들을 아내로 취하여 육체의 쾌락을 즐겼을 뿐만 아니라 자신의 위세를 뽐내었을 것을 짐작할 수 있다.

5) 이러한 라멕의 아내 아다는 야발을 낳았다. 야발이란 흐르다, 인도하다, 이끌다란 뜻으로 가축들을 이리저리 이끌고 이동하는 목자의 생활을 하는 자였다. 그래서 야발은 장막에 거주하며 육축치는 자의 조상이 되었다. 아마 상당히 많은 가축을 거느린 부자였을 것이다. 그 아우의 이름은 유발이다. 유발이란 형 야발과 비슷하게 '흐르다'라는 뜻을 가진 이름이다. 물이 흐를 때 내는 소리와 같이 아름다운 소리를 내는 음악가였다. 그래서 수금과 퉁소를 잡는 모든 자의 조상이 되었다고 한다. 유발은 현악기나 관악기를 모두 다 잘 다루는 음악적 재능이 출중한 자였다. 이렇게 야발이 인류 역사상 최초의 재산가라고 한다면, 그 동생 유발은 최초의 향락 추구자라고 할 수 있다.

6) 라멕의 아내 씰라는 두발가인을 낳았다. 여기 '두발'은 야발이나 유발과 마찬가지로 '물이 넘쳐 흐르다'라는 뜻을 가지고 있다. 이러한 의미의 '두발'에 '가인'을 덧붙여서 만든 이름으로 스스로 가인의 후예임을 나타내고 있다. 아마 두발가인은 야발이나 유발과 비록 어머니는 다르지만, 자신도 가인의 후손이라는 것을 주장하는 것 같다. 이 두발가인은 풀무질을 하여 쇠를 녹이고, 이를 두드려 각종 철 연장들을 만들 수 있는 능숙한 대장장이였다. 날카로운 무기를 즐겨 만들면서, 폭력을 조장하고 무력을 숭상하던 사람이었다.

7) 두발가인의 누이는 나아마이다. 나아마는 '아름답다, 달다, 즐겁다'라는 뜻을 가지고 있다. 사실 나아마가 어떤 사람이었는지는 구체적으로 알 수 없다. 일반적으로 자손의 명단에 여자의 이름을 올리지 않는다. 그런데 여자의 이름이 기록된 것은 대단히 특출났던 여자였던 것 같다. 그 이름의 뜻대로 자신을 아름답게 꾸미고 쾌락을 추구하는 여자였던 것 같다. 경건과는 거리가 멀고 오직 미와 쾌락에만 관심을 가졌던 세속화된 당시 시대 상황을 그대로 반영하고 있는 것 같다. 이렇게 두발가인처럼 가인의 후예임을 자청하고, 나아마처럼 세속화를 추구하고 있었음을 알 수 있다. 창세기는 계보를 정리할 때 숫자 10을 중심으로 하는데, 가인의 후손 목록에 나아마란 여자의 이름이 더해져서 10명의 이름으로 완성된 계보를 이루고 있다.

8) 창세기 4:23에서 라멕은 아다와 씰라 두 아내를 향해 라멕의 노래,

칼의 노래를 부르고 있다. 성경에 처음으로 등장하는 시 형식이다. 첫 사람 아담이 창세기 2:23에서 하와를 향해서 사랑의 노래를 불렀는데, 라멕에 와서는 살인과 복수를 즐기며 이를 자랑하고 흥겹게 노래하고 있다. 따라서 라멕의 칼의 노래는 하나님의 긍휼하신 보호를 잔인한 복수의 논리로 바꾸어 버림으로써 하나님을 모독하는 죄를 자초하고 있다. 이러한 사실을 통해 아담과 하와가 선악과를 따먹고 가인이 살인한 이후 진행되는 죄의 빠른 확산과 인간 마음 내부에 도사리고 있는 잔혹한 복수심을 강조하고 있다. 인간의 타락상이 얼마나 심각한 지를 말씀하고 있다. 라멕의 노래를 통해 타락한 인간의 잔혹함을 엿볼 수 있다. 라멕은 회개하기는 커녕 오히려 자신을 뽐내며 노래를 지어 부르고 있다.

> **결론** 창세기 2:4-3:24과 4:1-16은 아주 중요한 차이점이 있다. 창세기 2:4-3:24은 에덴동산 안에 있는 아담과 하와에 대해서 말씀하고 있다. 그러나 창세기 4:1-16은 에덴동산 밖에 대해서 말씀하고 있다. 아담과 하와의 후손들에 대해서 말씀하고 있다.

1) 에덴동산의 안이라는 말은 하나님과 사람이 밀접한 교제를 나누는 성막의 안, 성전 안의 지성소에서 하나님과 만남을 말씀하고 있다. 그러나 에덴동산의 밖은 성막의 밖, 성전의 밖을 말하는 것이다. 하나님의 임재가 없는, 하나님과의 교제가 단절된 것을 말씀하고 있다. 이러한 차이점에도 불구하고, 창세기 2:4-3:24과 4:1-16은 구

조적으로 서로 일치를 보이고 있다. 도표를 보면 다음과 같다.

	창세기 2-3장	창세기 4장
제시부	2:4-5 세계와 인간창조, 에덴동산	4:1-5 가인과 아벨의 출생, 그들의 제사
경고	2:16 선악을 알게 하는 과실에 대한 금지	4:8 가인에 대한 여호와의 경고
금지된 행동	3:1-7 금지된 열매를 먹음	4:8 가인이 아벨을 죽임
첫 번째 질문	3:9 '네가 어디 있느냐?'	4:9 '네 형제 아벨이 어디 있느냐?'
두 번째 질문	3:13 '네가 행한 것이 무엇이냐'	4:10 '네가 무엇을 하였느냐?'
저주	3:14 뱀에 대한 저주	4:11 가인에 대한 저주
결과	3:15-19 뱀과 여자와 남자에 미치는 결과	4:12 가인에게 미치는 결과 (가인의 항변)
여호와의 돌보심	3:21 여호와께서 인간에게 가죽옷을 입히심	4:15 가인을 위한 보호 표시
추방	3:24 에덴동산으로부터 추방	4:16 가인이 에덴동산 동쪽으로 떠남

2) 이렇게 창세기 3장과 4장은 구조적으로 완전히 동일하다. 한 마디로 '범죄-심판-은혜'라는 아주 중요한 신학적 도식을 그대로 따르고 있다. 가인이 동생 아벨을 쳐죽였다. 최초로 살인의 죄가 시작되었다. 그럼에도 불구하고, 하나님은 최초의 살인자 가인에게 표를 주셔서 생명을 보호해 주셨다. 하지만 가인은 하나님 앞을 떠나 에덴 동편 놋에 거주했다. 에녹을 낳고, 에녹성을 쌓았다. 뿐만 아니라 그의 후손들이 일궈낸 죄악되고 세속적인 문화를 말씀하고

있다. 하나님을 떠난 가인이지만, 하나님의 일반적 은총을 받아 생명을 유지하면서 자손을 얻고 계보를 형성함은 물론 나름대로 문명과 문화를 창출해 내고 있다. 그러나 하나님을 떠난 가인과 그의 후손들이 일궈 낸 문명과 문화는 지극히 부패하고 타락한 것일 수밖에 없었다. 이러한 사실은 가인의 후손 라멕에 와서 극대화하고 있음을 보게 된다. 이것을 통해 하나님을 떠난 사람은 스스로 어떠한 선한 것도 이룰 수 없다는 것을 말씀하고 있다.

3) 가인의 계보를 요약해 보면 다음과 같다. 가인 – 에녹 – 이랏 – 므후야엘 – 므드사엘 – 라멕 + 아다 – 야발(육축 치는 자의 조상)

　　　　　　　　　　　　　　　 – 유발(발수금, 퉁소 부는 자의 조상)

　　　　　　　　　　　 + 씰라 – 두발가인(기계를 만드는 자의 조상)

　　　　　　　　　　　　　　　 – 나아마(딸)

4) 이러한 가인의 계보가 강력히 암시하고 있는 것은 그들이 세속 문명의 발달에는 공헌을 하면서도 그들의 죄악은 더욱더 심화되어 갔다는 사실이다. 이것은 물질문명은 극도로 발전해 가지만 그 경건은 더욱 황폐해 가는 우리의 현재 상황과도 일맥상통하는 것으로 경각심을 촉구하고 있다. 하지만 구약에서 가인의 족보는 오직 이곳에만 기록되어 있다. 더 이상의 기록은 없다. 그것은 가인과 그의 후손이 하나님의 구원사와 아무런 관련성이 없기 때문이다. 이렇게 독립적인 가인의 족보는 현재의 위치로 정경적 배열을 함으로써 중요한 신학적 의미를 지니게 되었다.

5) 먼저 하나님 앞을 떠난 가인의 모습을 말씀해 주고 있다. 가인은 에녹을 낳고 에녹성을 쌓았다. 이것은 하나님을 떠난 자는 인본주의적 삶을 산다는 것이다. 하나님을 믿지 못하기 때문에 불신앙적인 삶을 살게 된다는 것이다. 자기 자신이 스스로를 지켜야 하기 때문에, 자기 자신이 두려움을 극복해야 하기 때문에 철저히 자기중심적인 삶을 살게 되는 것이다. 그 다음은 하나님을 떠난 가인의 후손들은 문명과 문화를 발전시키면서 하나님의 일반적 은총을 누리면서 살고 있지만, 그 은혜를 잊어 버리고, 더욱 심각하게 죄를 짓게 된다는 것이다. 죄가 더욱 극대화 된다는 것이다. 사람을 죽여 놓고도 자랑하는 어처구니 없는 악행이 그대로 드러나게 된다는 것이다. 이러한 죄의 극대화가 결국 멸망과 심판을 초래하게 된다. 그래서 우리의 후손들에게 경건을 유산으로 물려주어야 하는 것이다.

아담이 다시 자기 아내와 동침하매 그가 아들을 낳아 그의 이름을 셋이라 하였으
니 이는 하나님이 내게 가인이 죽인 아벨 대신에 다른 씨를 주셨다 함이며
And Adam knew his wife again; and she bare a son, and called his name Seth: For
God, said she, hath appointed me another seed instead of Abel,w hom Cain slew.

창세기 4:25

16

셋과 에노스

셋과 에노스

성경 : 창세기 4 : 25 - 26

> **서론** 창세기는 10개의 '톨레도트'(תֹּולְדֹות)로 이루어져 있다(창 2:4, 5:1, 6:9, 10:1, 11:10, 11:27, 25:12, 25:19, 36:1, 37:2). 그 중에 첫 번째 '톨레도트'(תֹּולְדֹות)는 창세기 2:4-4:26의 하늘과 땅의 '톨레도트'(תֹּולְדֹות)이다. 천지의 '톨레도트'(תֹּולְדֹות)이다. 그 이유는 창세기 2:4에서 "이것이 천지가 창조될 때에 하늘과 땅의 내력이니…"라고 하였는데 여기 '내력'이라는 말이 히브리어로 '톨레도트'(תֹּולְדֹות)이기 때문이다. 그리고 두 번째 '톨레도트'(תֹּולְדֹות)는 창세기 5:1-6:8의 아담의 '톨레도트'(תֹּולְדֹות)이다. 그 이유는 5:1에서 "이것은 아담의 계보를 적은 책이니라…"라고 하였는데 여기 '계보'라는 말이 히브리어로 '톨레도트'(תֹּולְדֹות)이기 때문이다. 이렇게 계속해서 창세기가 구성되어 있다.

1) 먼저 첫 번째 '톨레도트'는 크게 두 부분으로 나눌 수 있다.

하나는 창세기 2:4-3:24이다. 한마디로 에덴동산 안에 대해서 말씀하고 있다. 이 부분을 다시 둘로 나눌 수 있다. 창세기 2:4-25과 3:1-24이다. 이 둘의 차이는 에덴동산에 죄가 들어오기 이전(창 2:4-25)과 에덴동산에 죄가 들어온 이후(창 3:1-24)이다. 아담과 하와가 범죄하기 이전과 범죄한 이후이다. 인간의 타락 이전과 인간의 타락 이후로 구분할 수 있다.

2) 그 다음은 창세기 4:1-26이다.

한마디로 에덴동산 밖에 대해서 말씀하고 있다. 3장과 4장의 구분
은 아담과 하와가 에덴동산에서 추방 당하기 이전과 추방 당한 이
후이다. 4장은 아담과 하와가 에덴동산에서 추방당한 그 이후, 에덴
동산 밖에 대해서 말씀하고 있다. 그리고 아담과 하와와 그 후손들
에 대해서 말씀하고 있다.

3) 이러한 창세기 4장은 다시 크게 세 부분으로 나눌 수 있다.

특별히 4장에는 세 번에 걸쳐 '동침하매'라는 말씀이 기록되어 있
다. 첫 번째는 창세기 4:1에서 "아담이 그의 아내 하와와 동침하
매…"라고 한다. 두 번째는 창세기 4:17에서 "아내와 동침하매…"라
고 한다. 세 번째는 창세기 4:25에서 "아담이 다시 자기 아내와 동
침하매…"라고 한다. 이렇게 '동침하매' 즉 야다라는 말씀으로 3개
의 문단이 구성되어 있다.

4) 첫째는 창세기 4:1-15이다. 아담과 하와가 동침하여 아들들을 낳았다는 것이다.

하나는 가인이고, 다른 하나는 아벨이라는 것이다. 가인과 아벨의
출생과 제사에 대해서 말씀하고 있다. 하나님께서 가인의 제사는
열납하지 않고, 아벨의 제사만 열납했다. 그 결과 가인은 동생 아벨

을 쳐죽었다. 최초의 살인죄가 시작되었다. 하지만 이러한 살인죄를 지은 가인에게 하나님은 표를 주셔서 모든 사람에게 죽임 당함을 면하게 했다. 이렇게 하여 아담과 하와의 아들들을 통해 서로 다른 두 계보가 시작되었다.

5) 둘째는 창세기 4:16-24이다. 가인의 계보, 혹은 족보, 자손들에 대해서 말씀하고 있다.

가인은 하나님을 떠나 에덴 동쪽 놋 땅에 거주하였다. 하나님의 일반 은총으로 가인이 아내와 동침하여 에녹을 낳고, 에녹성을 쌓았다. 자기중심, 인본주의적 삶을 살았다. 그러한 가인의 후손은 에녹-이랏-므후야엘-므드사엘-라멕으로 이어지고 있다. 라멕에 와서는 두 아내를 맞이했다. 아다와 씰라이다. 아다를 통해서 야발과 유발을 낳았고, 씰라를 통해서 두발가인과 나아마를 낳았다. 라멕의 후손들은 목축업과 음악과 철기 등 문화와 문명을 발전시켰다. 이러한 문화와 문명의 발전은 결국 죄와 타락을 가져왔다. 나의 상처와 나의 상함으로 사람을 죽이고, 그 살인의 죄를 자랑하는 극도의 잔인함과 부패를 가져왔다. 이렇게 가인의 계보를 통해 하나님을 떠난 자의 모습을 말씀하고 있다.

6) 셋째는 창세기 4:25-26이다. 또 다른 하나의 계보를 말씀하고 있다.

가인의 계보와 정반대가 되는 또 다른 족보를 말씀하고 있다. 그것도 가인의 계보는 무려 창세기 4:16-24까지 무려 8절로 길게 말씀하고 있다. 그러나 창세기 4:25-26은 아주 간단하게 단 2절로 말씀하고 있다. 왜 가인의 계보는 길게 기록하고, 또 다른 계보는 아주 간단하게 기록하고 있는가? 그것은 가인의 계보는 여기서 끝이다. 더이상 기록할 필요가 없다. 그러나 아담으로부터 이어지는 진정한 계보는 이제부터 시작이다. 창세기 5장부터 아주 구체적으로 계속 이어지기 때문이다.

7) 또 하나 생각할 것이 있다.

그것은 창세기 4:1에서 아담이 그의 아내 하와와 동침하매 하와가 임신하여 가인을 낳았다고 한다. 그리고 난 이후 아담과 가인을 단한 번도 연결시키고 있지 않다. 분명히 가인이 아담의 아들임에도불구하고, 의도적으로 아담과 단절시키고 있다. 아담으로 이어지는 계보에서 아담과 연결시키지 않고, 가인을 독립적으로 해서 계보를 이어가고 있다. 그래서 창세기 4:16을 시작하면서 '아담의 아들 가인이...'라고 말씀하지 않는다.

그냥 '가인이 여호와의 앞을 떠나서 에덴 동쪽 놋 땅에 거주하더니'라고 하면서 하나님과 아담이라는 말씀이 단 한 번도 나오지 않는다. 단지 여호와 앞을 떠났다는 사실만을 강조하고 있다. 그러나 이제 아담의 계보로 셋과 에노스를 말씀하고 있다. 분명히 아담의 아들들 중 가인이 아벨을 죽였다. 그러나 하나님은 아벨 대신에 셋을 주셨다. 그 셋을 통해서 에노스로 이어지는 계보가 시작되고 있다.

1. 셋의 출생이다.

1) 창세기 4:25을 와우 계속법으로 시작하고 있다. 이러한 연결은 크게 두 가지로 생각해 볼 수 있다. 하나는 창세기 4:8과 연결이 되고 있다. 가인이 아우 아벨을 쳐죽이고 난 이후이다. 또 다른 하나는 창세기 4:16-24과 연결이 되고 있다. 가인의 후손들의 극악무도한 죄악상을 말씀하고 난 이후이다. 이러한 가인의 계보와 다른 또 하나의 계보를 말씀하고 있다. 가인의 후손들의 죄악 됨을 해결하는 하나의 방안으로 아담이 다시 자기 아내와 동침하여 아들 셋을 낳게 되었다.

2) 이때 '아담'에는 정관사가 없다. 그냥 아담이다. 아마 5장에서 소개되는 아담의 계보와 연결되고 있는 것 같다. 하지만 여기에서 우리가 관심을 가져야 할 단어는 '다시'(עוֹד)라는 말씀이다. 이 말은 '뒤로 돌리다', '한 번 더'라는 뜻을 가지고 있다. 새로운 시작을 알리는 표시를 나타내고 있다. 아담과 하와는 아벨이 죽은 현실과 죄악이 넘쳐나는 현실을 뒤로 돌려 다시 극복하고자 하는 바람의 일환으로 셋을 낳았다. 새로운 출발을 다시 하고자 셋을 낳았다.

3) 셋을 통해서 새로운 출발을 하고자 했다. '셋'이란 말은 '놓다, 정리하다, 임명하다, 주셨다'라는 뜻을 가지고 있다. 하나님이 내게 주셨다는 것이다. 하나님이 무엇 때문에 주셨는가? 죄악된 세상을 정리하기 위해 주어진 존재이다. 경건한 제사를 드림으로써 하나님으로부터 인정을 받았던 아벨 대신 이 세상에 다시 놓여진 존재

이다. 정해진 자이다. 하나님께서 약속하신 '여자의 후손'을 낳을 씨로 임명된 자라는 것이다. 하나님이 아담과 하와를 통해서 다시 새로운 역사를 시작하셨다는 것이다.

4) 아담(하와)에게 가인이 죽인 아벨 대신에 다른 씨를 주셨다. 창세기 4:1에서 가인의 출생에는 하나님의 역할보다 아담과 하와의 역할을 강조하고 있다. '내가…득남하였다'라고 한다. 자신의 행위를 강조하고 있다. 그러나 창세기 4:25에서 셋을 낳을 때는 다르다. '…하나님이 내게…주셨다' 라고 하면서 아담과 하와의 역할보다 하나님의 역할을 더 강조하고 있다. 자기 중심에서 하나님 중심으로 완전히 변화되어 있음을 발견하게 된다.

5) 그럼 이러한 변화는 무엇 때문에 가능한 것인가? 아마 아담과 하와는 가인과 그 후손들의 경건치 않은 삶을 보면서 자신의 능력으로는 경건한 씨와 구원자를 결코 낳을 수 없음을 확실히 알고 깨달았던 것이다. 오로지 하나님의 은혜로, 하나님으로만 가능하다는 것을 인식했기 때문이다.

6) 또 하나 생각해야 할 것이 있다. 그것은 아벨 대신에 셋을 주셨다는 것이다. 창세기 4:17에서는 가인이 아내와 동침하매, 그가 임신하여 에녹을 낳았다고 했다. 그냥 일반적인 은혜로, 일반적인 은총으로 에녹을 낳았다. 그런데 셋의 경우에는 '아벨 대신에 셋'을 주셨다고 한다. 아주 특별하게 셋을 주셨다는 것이다. 특별한 은총으로 셋을 낳았다는 것이다. 이러한 것을 '셋'이라는 말을 통해서도

알 수 있다. '셋'이란 '기초, 토대'를 의미한다. 셋은 바로 하나님의 구원의 역사에서 새로운 토대를 이루어가고 있다.

7) 셋은 그냥 주어진 존재가 아니다. 죽은 아벨 대신에 주어졌다. 여기 '대신'(תחת)이라는 말은 창세기 22:13에서 아브라함이 그의 아들 대신에 숫양을 번제물로 드렸다는 말씀과 같다. 따라서 대리적 속죄의 의미를 가지고 있다. 셋은 그냥 얻어진 것이 아니라, 아벨의 죽음 대신에 다른 씨인 셋을 아담의 후손으로 주셨다는 것이다. 아주 특별한 은총으로 하나님께서 셋을 주셨다는 것이다. 그럼 하나님의 특별한 은총은 어떻게 주어지는 것인가? '가인이 죽인 아벨 대신에 다른 씨'를 주신 것이다. 죽음과 희생을 통해서 주어지는 것이다.

8) 창세기 5:3-4을 보면 "아담은 백삼십 세에 자기의 모양 곧 자기의 형상과 같은 아들을 낳아 이름을 셋이라 하였고 아담은 셋을 낳은 후 팔백년을 지내며 자녀들을 낳았으며 그는 구백삼십 세를 살고 죽었더라"라고 말씀하고 있다. 여기에 가인의 이름이나 아벨의 이름이 없다. 물론 아벨은 가인에게 죽임을 당했기 때문이다. 가인은 아담의 장자이지만, 아담과 연결되지 않는다. 오히려 아담의 계보(족보)는 셋이다. 아벨의 희생, 죽음을 대신해 준 셋이다. 셋을 통해서 새로운 역사를 시작하고 있다.

2. 에노스의 출생이다.

1) 창세기 4:26도 와우 계속법으로 시작하고 있다. 아담-셋으로 계속 해서 이어지고 있다. 창세기 4:16은 아담과 가인을 단절 시키고 있 다. 하지만 창세기 4:26은 아담-셋으로 이어지면서 '그리고 셋에 게서' 또 아들을 낳았다는 것이다. '에노스'(אֱנוֹשׁ)란 말은 '사람', '남 자'를 나타내기도 하고, 인류 최초의 인간을 가리키는 '아담' 자신 만을 가리키는 고유 명사로 사용할 때도 있다(창 2:7). 또 보편적인 사람을 가리키는 일반 명사로 사용되고 있다. 그런데 '에노스'는 '유한한, 죽어야 하는, 연약한'이라는뜻이기 때문에, 치료가 거의 불가능한 병든 상태나, 재난을 당하거나, 고통 가운데 있는 상태에 서 살아갈 수밖에 없는 한계 상황 속의 인간을 나타낼 때 사용되고 있다. 철저히 인간의 한계를 간파한 이름이다.

2) 이러한 '에노스'란 이름과 말씀을 보면 가인의 후손들과 너무나 비 교되고 있다. 가인의 후손들은 너무나 찬란한 문명과 문화를 발전 시켜 가고 있다. 목축업의 조상이 되고, 음악가의 조상이 되고, 기 계 문명을 발전시키고 있다. 이러한 인간적인 문명과 문화의 발전 이 결국 죄악이 극에 달하는 것으로 이어지고 있다. 도무지 회개라 든지, 경건을 찾아 볼 수가 없었다. 하나님이 멸망케 하지 않으면 안 되는 심판의 죄악 덩어리 그 자체였다.

3) 그런데 반해 셋의 후손인 에노스는 연약하고, 부족하고, 뭐 하나 내세울 것이 아무것도 없다. 셋이 그 아들 에노스에게 이러한 이름

을 붙인 것은 교만을 뽐내던 가인의 후손들과 달리 스스로 너무나 보잘 것 없음을 느끼고, 하나님 앞에 끊임없이 겸손할 수밖에 없었던 그의 경건함을 드러내고 있다. 인간은 스스로의 힘으로 일어설 수 없는 이와 같은 무력한 존재라는 사실을 인정하고, 전능하신 하나님께 겸손하게 나아가서 하나님만을 전적으로 의지하면서 살겠다는 다짐으로 셋은 그 아들의 이름을 에노스라고 지은 것이다. 이러한 셋과 에노스를 통해서, 이제 아담과 셋, 에노스로 그 경건한 혈통이 계속 이어져 가게 하고 있다.

4) 그러면서 '…그 때에 사람들이 비로소 여호와의 이름을 불렀더라'라고 한다. 좀더 정확하게 번역하면 '그 때에 그가 여호와의 이름을 부르기 시작했다'라는 것이다. 남성 단수형으로 기록되어 있지만, 의미상은 한 사람이 아니라, 사람 전체를 의미하므로 '사람들'이라는 복수로 의역을 하고 있다. 여기 '불렀더라'라는 말은 도움을 청했다는 것이다. 또 다르게 번역하면, 하나님의 이름과 연관이 있을 때는 '찬양하다'라는 의미도 된다. 따라서 셋의 자손들이 전능하신 하나님께 도움을 청하며, 하나님의 은혜와 사랑을 찬양하기 시작했다는 것이다.

5) 물론 셋과 에노스 이전에도 아벨이 경건한 제사를 하나님께 드렸다. 그 이전에 아담도 이미 하나님을 알고 하나님 앞에 나아갔을 것이다. 그러나 보다 공식적으로 하나님께 기도하고 찬양하는 예배 양식이 도입된 것은 바로 셋의 시대에 이르렀을 때이다. 그때에 하나님의 이름을 부르기 시작했다. 하나님의 이름을 부르면서 예

배했다. 하나님과 사람 사이에 인격과 인격의 만남이 이루어지게 되었다. 그러니까 가인의 후손들이 교만하며 스스로의 힘으로 모든 것을 해결하려 하며 세속 문화와 문명의 발전에 심취하여 살아가고 있을 때, 경건한 셋의 후손들은 하나님 앞에 겸허히 나아가 하나님께 예배하며 하나님과 가깝게 교제하는 거룩한 생활의 전통을 세워 나가고 있다. 이때부터 비로소 공적인 예배가 시작되었다.

> **결론** 4장은 다음과 같은 구조로 이루어져 있다.
> A 4:1-2a 아담의 아들들 가인과 아벨을 낳음
> B 4:2b-24 가인의 타락(살인죄, 범죄–심판–표)과 가인의 계보
> A' 4:25-26 아담이 다시 셋을 낳음과 셋의 계보

1) 아담과 하와는 두 아들, 가인과 아벨을 낳았다. 똑같이 아담으로부터 태어났지만, 서로 다른 두 아들을 말씀하고 있다. 서로 다른 두 계보의 시작을 말씀하고 있다(창 4:1-2a). 그러면서 4장의 중심부인 창세기 4:8에서 가인은 동생 아벨을 쳐죽였다. 아벨의 죽음으로 또 다른 계보는 끝이 난 것처럼 보였다.

2) 하지만 하나님은 아벨 대신에 아담에게 셋을 주셨다(창 4:25). 가인과 다른 또 하나의 계보를 셋을 통해서 이어가게 하고 있다. 그래서 창세기 4장은 아담의 똑같은 아들 중에서 서로 다른 두 계보를 말씀하고 있다. 하나는 창세기 4:16-24에 길게 기록된 7대의 가인의 계보이고, 다른 하나는 창세기 4:25-26에 아주 간단하게 기록

한 3대의 아담 즉 셋의 계보이다.

3) 그러나 하나님을 떠난 가인의 계보는 이곳에 기록된 것 말고는 더 이상 기록이 없는 성경의 기록 속에서 단절된 계보를 말씀하고 있다. 세속 문화를 통해서 발전은 되어가지만 결국 무너져 버리는 계보이다. 심판받고, 멸망받는 계보이다. 이와는 반대로 하나님이 다시 주신 아담의 계보, 셋의 계보는 창세기 4:25-26에서 시작되어 창세기 5:1-32까지 아주 구체적으로 기록하고 있다. 그러면서 창세기 5:32에서 "노아는 오백세 된 후에 셈과 함과 야벳을 낳았더라"라고 한다. 노아의 홍수 심판 때에 가인의 계보는 다 멸망했지만, 셋의 계보인 노아의 식구는 죽지 않고 살아났다. 생명의 보호를 받았다. 하나님의 놀라운 구속의 계획은 놀라울 정도로 찬란하게 빛나고 있다.

4) 따라서 이 둘은 철저하게 서로 대조를 이루고 있다. 이렇게 하나님 앞에서 전혀 다른 두 계보, 서로 구분이 되는 두 부류를 말씀하고 있다. 그것도 똑같은 아담으로부터 태어난 아들들 사이에 서로 다른 두 계보, 서로 대조되는 계보를 말씀하고 있다. 그것은 인간중심의 가인의 계보와 하나님 중심의 아담에서 이어져 오는 셋의 계보이다. 가인과 라멕으로 이어지는 불행한 죄악의 역사와 셋과 노아로 이어지는 하나님의 구원의 역사가 철저하게 대조를 이루고 있다.

5) 오늘 우리가 가인의 계보 속에 사는 셋의 계보라는 것이다. 가인의

계보와 달리 살라는 것이다. 셋의 계보를 이어가야 한다는 것이다. 그러므로 하나님은 오늘도 우리를 통해 셋의 계보를 이어 셋의 문화를 꽃 피우시려는 것이다. 그러므로 '주여! 가인의 계보가 판을 치는 시대에 나는, 나의 가정은, 우리의 교회는 셋의 계보를 이어가는 이 시대의 영적 맥이 되게 하옵소서'라고 기도해야 한다.